C.H.BECK ■ **WISSEN**

Sisi: Sie ist die ewig jugendlich scheinende Kaiserin, die mit sechzehn den österreichischen Monarchen Franz Joseph heiratet, die Widerspenstige, die sich dem steifen Wiener Hofzeremoniell nicht unterwerfen will, die Liebhaberin und Bewunderin der ungarischen Seele, aber auch die eitle Neurotikerin, die jeden Tag ihr Gewicht kontrolliert, eine Extremsportlerin, die waghalsige Jagden und stundenlange Gewaltmärsche durch Wind und Wetter unternimmt und ebenso rastlos zu immer neuen Reisen aufbricht.

Bei allen Mythen, die sich um Sisi ranken, schaffen Michaela und Karl Vocelka ein Porträt, das der historischen Person Elisabeth nicht nur in all ihren Facetten und Widersprüchen gerecht wird, sondern auch wenig bekannte Seiten der Kaiserin zeigt: Wer weiß schon, dass sie Gedichte verfasste, in denen sie freimütig ihre politischen Ansichten äußert und die Fehler und Schwächen ihrer habsburgischen Verwandtschaft mit einer Bissigkeit beschreibt, die einem allzu oft puderzuckrigen Sisi-Bild Realismus und auch die nötige Prise Schärfe verleiht.

Die Historikerin *Michaela Vocelka* ist Leiterin, Archivarin und wissenschaftliche Mitarbeiterin des Simon Wiesenthal Archivs. *Karl Vocelka* war langjähriger Vorstand des Instituts für Geschichte und Professor für Österreichische Geschichte an der Universität Wien. Von ihm liegt im Verlag C.H.Beck vor: *Österreichische Geschichte* (³2010).

Michaela und Karl Vocelka

Sisi

Leben und Legende einer Kaiserin

Verlag C.H.Beck

Mit zwei Abbildungen und einer Stammtafel
(Umschlaginnenseite: Elisabeth als junge Kaiserin.
Gemälde von Franz Xaver Winterhalter, 1864, KHM, Wien.
© akg-images/Erich Lessing; Vignette, Seite 2: Gedenkpostkarte
(Ausschnitt) für die Kaiserin mit Porträts von Kaiser Franz Joseph I.
und Kaiserin Elisabeth von Österreich in einer Doppeladler-Kartusche.
Lithographie, um 1900. © IMAGNO)

Originalausgabe
© Verlag C.H.Beck oHG, München 2014
Satz: Fotosatz Amann, Memmingen
Druck und Bindung: Druckerei C.H.Beck, Nördlingen
Reihengestaltung nach Uwe Göbel
Umschlagabbildung: Kaiserin Elisabeth von Österreich, offizielles
Krönungsporträt, Gemälde von Georg Raab, 1867; KHM, Wien.
© akg-images/Nimatallah
Printed in Germany
ISBN 978 3 406 66089 4

www.beck.de

Inhalt

Einleitung	7
Fröhliche Kindheit in Possenhofen?	9
Die Eltern	10
Kindheit und Jugend	13
Verlobung und Hochzeit mit Kaiser Franz Joseph	17
Begegnung im Schatten der Revolution 1848	17
Verlobung in Ischl	21
Hochzeit in Wien	24
Die frühen Ehejahre am Wiener Hof	28
Erste gemeinsame Reise	30
Geburt der Kinder	32
Reisen nach Italien und Ungarn	34
Der weite Weg zu Freiheit und Selbstbestimmung	39
Madeira	40
Korfu, Venedig und Kurorte	43
Repräsentative Aufgaben	46
Machtkampf um die Erziehung Kronprinz Rudolfs	49
Ungarn und die politische Seite der Kaiserin	50
Der Ausgleich mit Ungarn	52
Krönung in Budapest	61
Liebe zu Ungarn und politische Abstinenz	62
Schönheit und ihre Schattenseiten	65
Schönheitskult	65
Schlankheitswahn?	69
Körperliches Training	72

Auf der Suche nach sich selbst   **74**
Elisabeth, ihre Kinder und ihre bayrischen Verwandten   75
Die Last der Repräsentation   79
Reiten   81
Griechische Welten   85
Orte der Ruhe – Achilleion und Hermesvilla   87
Unstetes Wanderleben   90

Tod durch einen Anarchisten   **95**
Das Attentat   96
Luigi Lucheni   97
Begräbnis und Nachlass   99

Gedichte für die Nachwelt als Spiegel der Persönlichkeit und des Lebens   **102**
Literarische Ambitionen   102
Das Verhältnis zum Kaiser   106
Die habsburgischen Verwandten   107
Politische Haltungen   109
Ludwig II.   111
Liebesleben   111

Sisi als europäischer Erinnerungsort   **115**
Denkmäler und Benennungen   116
Das literarische Bild Elisabeths – Entstehung eines Mythos   117
Die «wissenschaftliche» Beschäftigung mit Elisabeth   118
Filme   120
Musikalische Interpretationen   121
Museen   122
Was macht Elisabeth zu einer Legende und einer Zentralfigur der Nostalgie?   123

Weiterführende Literaturhinweise   124
Register   127

Einleitung

Viele Generationen von Habsburgern waren mit Frauen aus den unterschiedlichsten europäischen Dynastien verheiratet, deren Persönlichkeit wie unter einem Schleier von Klischees verborgen liegt. Ihre Hauptaufgaben scheinen neben der Geburt von möglichst männlichen Nachkommen vor allem im Bereich der Frömmigkeit und der Wohltätigkeit gelegen zu haben. Nur wenige dieser Frauen wurden besser erforscht und gewinnen an Profil, sodass sich Aussagen über ihre künstlerischen, oft auch wissenschaftlichen Interessen und ihre politische Rolle machen lassen. In ganz seltenen Fällen gelingt es, auch ihrer Persönlichkeit näherzukommen und diese zu verstehen.

Zwei Hindernisse stellten sich der Erforschung dieser Ehefrauen der Habsburger entgegen: Einerseits ist die Quellenlage schlechter als für die männlichen Mitglieder des Adelsgeschlechtes, und andererseits war die Beschäftigung mit Frauen bis zur Mitte des vorigen Jahrhunderts kein wichtiges Thema der Geschichtswissenschaft. Erst mit der verstärkten Pflege der Frauen- und Geschlechtergeschichte wurden auch die (bei sozialgeschichtlichen Zugangsweisen normalerweise vernachlässigten) Gemahlinnen plötzlich interessanter.

Eine Gestalt unter ihnen ragt jedoch markant heraus: die Ehefrau Kaiser Franz Josephs, Elisabeth, Herzogin in Bayern, genannt Sisi, deren Persönlichkeit schon früh zum Gegenstand von Stilisierung und biographischer Interpretation wurde. Doch was machte diese Frau zu einer solchen von Legenden umrankten Zentralgestalt, zu einem Mythos, der nicht nur in mehr oder minder wissenschaftlichen Publikationen, sondern auch in literarischen Texten, Filmen, Musicals und Ausstellungen immer wieder das Interesse eines großen – man kann sogar sagen weltweiten – Publikums findet?

Diesen Fragen versucht das vorliegende Buch ein wenig nachzugehen, vorrangig will es aber eine Lebensskizze Elisabeths zeichnen, auf Basis der Quellen und der reichlich vorhandenen Literatur zu ihrem Leben. Bei vielen dieser Werke offenbaren sich die Schwierigkeiten einer objektiven Betrachtung der Kaiserin. Diese resultieren einerseits daraus, dass die Aussagen zu ihrer Persönlichkeit und ihrem alltäglichen Leben – sieht man von den äußeren Ereignissen ab – meist schwierig nachzuprüfen sind, denn sie stammen entweder aus den frühen Biographien von Zeitgenossen, die eine Mittelstellung zwischen Quelle und Darstellung einnehmen, oder zitieren Quellen, die heute nicht mehr verfügbar sind.

Neben den Bildern und Realien, die mit Elisabeth zu tun haben, gibt es auch autobiographische Quellen, die aber ebenfalls problematisch sind. Die Briefe sind zwar teilweise ediert, wie etwa die von ihrem Ehemann an sie gerichteten, andere Teile des Briefwechsels sind jedoch verloren oder schlummern für die Forschung unzugänglich in privaten Archiven der habsburgischen Familie. Das «poetische Tagebuch» der Kaiserin, das erst in den 1980er Jahren freigegeben und von Brigitte Hamann (geb. 1940) ediert wurde, ist durch mannigfache poetische Verschlüsselung nicht mit den üblichen Tagebüchern, die als biographische Quellen vorrangige Bedeutung haben, zu vergleichen.

Der erste «wissenschaftliche» Biograph Egon Caesar Conte Corti (1886–1953) hatte ähnlich wie Richard Sexau (1882–1962), der Verfasser einer Lebensbeschreibung von Elisabeths Bruder Carl Theodor, durch seine persönlichen Beziehungen zum Adel Briefe und Dokumente in Privatarchiven benutzen können, die anderen Forschern bis heute verschlossen bleiben, und Gespräche mit Zeitzeugen geführt, die sich in unseren Tagen nicht mehr verifizieren lassen. Von all diesen finden sich in den Nachlässen der beiden Forscher Abschriften, die wahrscheinlich unvollständig und teilweise schon interpretierend sind. Erschwerend kommt noch hinzu, dass es wenige aussagekräftige schriftliche Quellen von Zeitgenossen gibt. Das Tagebuch ihrer Tochter Marie Valerie (1868–1924), die Aufzeichnungen ihres Griechischlehrers Constantin Christomanos

(1867–1911) sowie ihrer Hofdamen Marie Festetics (1839–1923) und Irma Sztáray (1864–1940) oder die Hofchronik von Marie von Redwitz (1856–1933), der Hofdame ihrer Nichte Amelie von Urach (1865–1912), wurden daher ebenso wie die Schriften von Sisis Nichte Gräfin Marie Louise Larisch-Wallersee (1858–1940) immer wieder intensiv interpretiert. Dabei haben diese natürlich persönlich gefärbten Aussagen später oft sehr unterschiedliche, manchmal auch extreme Auslegungen gefunden. Das macht die Arbeit an einer Biographie der Kaiserin schwierig und teilweise unbefriedigend, denn die Mehrzahl der modernen Biographinnen und Biographen bezieht ihre Informationen zu großen Teilen aus dieser älteren Literatur, und sie besitzen kein Korrektiv, etwa in Form anderer Quellen, zur Überprüfung ihrer Darstellungen. So zeigt sich, dass die ambivalente Persönlichkeit Elisabeths häufig zur Projektionsfläche der Betrachter wird, wo Spielraum zur Überinterpretation gegeben ist.

Fröhliche Kindheit in Possenhofen?

Elisabeth, Herzogin in Bayern, wurde 1837 in München geboren. Dass ihr Geburtstag auf das Weihnachtsfest – dieses im betreffenden Jahr noch dazu auf einen Sonntag fiel – und dass sie bereits mit einem Zahn auf die Welt kam, wurden später als besondere Vorzeichen für ihr Leben gedeutet. Denn zunächst wies nichts darauf hin, dass dieses neugeborene Kind einen besonderen Lebensweg einschlagen würde. Ihre Familie im engeren Sinn war nicht die regierende Hauptlinie des Hauses Wittelsbach, die Herzöge von Bayern bzw. seit 1806 Könige von Bayern, sondern eine Nebenlinie, die von Johann Karl von Pfalz-Gelnhausen (1638–1704) abstammte. Dieser führte den Titel Pfalzgraf bei Rhein, Herzog in Bayern, von Zweibrücken-Birkenfeld zu Gelnhausen, Graf von Veldenz und zu Sponheim und war in zweiter Ehe mit Esther Marie von Witzleben (1666–1725) verheiratet. Nach langen Streitigkeiten wurden die

Nachkommen aus dieser Verbindung in den Herzogsstand erhoben, ab 1806 konnten sie sich sogar, allerdings mit Unterbrechung unter König Ludwig I. (1786–1868), «Königliche Hoheit» nennen. Dennoch war die Linie der Herzöge in Bayern gegenüber der regierenden Linie der Wittelsbacher rangmäßig benachteiligt.

Die Eltern

Der Großvater Elisabeths, Herzog Pius August (1786–1837), galt als überaus schwieriger Mensch, cholerisch und aggressiv, der immer wieder mit dem Gesetz in Konflikt kam, da er Menschen auf der Straße anpöbelte. Schließlich wurde er unter Polizeiaufsicht gestellt und in der Erbfolge übergangen; zum Oberhaupt des Hauses ernannte man seinen Sohn Herzog Maximilian Joseph (1808–1888), den Vater Elisabeths. Herzog Max, wie er meist genannt wird, stand stark unter dem Einfluss seines Großvaters Wilhelm (1752–1837), der sich ehrgeizig bemühte, der bayrischen Nebenlinie größere Bedeutung zu verschaffen, und später die Eheschließung seines Enkels mit einer Tochter des bayrischen Königs bestimmte. Nach einer ersten Erziehungsphase mit einem überstrengen Lehrmeister erhielt Max im «Königlichen Erziehungsinstitut für Studirende» auf Initiative seines Großonkels König Maximilian I. Joseph (1756–1825) in München eine gute Ausbildung. Diese verlief anders als die seiner Standesgenossen: Nicht alleine mit einem Privatlehrer, sondern in der Gemeinschaft anderer junger Menschen erlebte er seine Schulzeit. Der Leiter der Schule, Benedikt von Holland (1775–1853), förderte vor allem seine literarischen und musikalischen Fähigkeiten und erweckte indirekt sein Interesse am Zirkus. Später besuchte Sisis Vater auch Vorlesungen an der neuen Universität in München.

Herzog Maximilians Mutter Amalie Luise (1789–1823) stammte aus dem deutschen hochadeligen, aber nicht regierenden Geschlecht Arenberg. Das hatte für ihn positive Folgen, denn das reiche Erbe der Familie Arenberg ermöglichte ihm nicht nur einen Aufenthalt in Paris, wo er in Kontakt mit liberalen und republikanischen Strömungen kam, sondern auch ein finanziell sorgenfreies Leben. Dieses Vermögen machte ihn von den regierenden Wittelsbachern unabhängig, an deren Hof er auch keine offiziellen Funktionen und Repräsentationspflichten erfüllen musste.

Für seine Tochter Elisabeth, von der niemand ahnen konnte, dass sie einmal eine Kaiserin werden würde, hatte diese Verwandtschaft mit den Arenbergs allerdings keine so günstigen Folgen. Zwar war dieses Adelsgeschlecht nach dem habsburgischen Familienstatut von 1839 ebenbürtig, doch findet sich schon Elisabeths Großmutter väterlicherseits nicht mehr in der sehr eingeschränkten Liste der für das Erzhaus Habsburg als standesgemäß geltenden Familien. Da sich der Adel über 16 adelige Vorfahren inklusive aller Ururgroßeltern definierte, war die Herkunft Elisabeths nach diesen strengen Gesichtspunkten nicht lupenrein, was ihre Aufnahme in die reaktionäre Wiener Hofgesellschaft nicht gerade fördern sollte.

Elisabeths Vater hingegen zeigte keinen Standesdünkel. Er verkehrte in bürgerlichen und bäuerlichen Kreisen, war volkstümlich, liebte bayrisches Brauchtum, Schnadahüpfeln – das Singen improvisierter einstrophiger Gedichte – und Volksmusik, die er auch selbst komponierte und, mit H. M. signiert, als Notenaufzeichnungen veröffentlichte.

Zudem übte er sich in schriftstellerischer Tätigkeit und publizierte unter den Pseudonymen *Bavarus Philippus* oder *Phantasus* Erzählungen sowie Theaterstücke. Vorbild seiner literarischen Tätigkeiten war der große deutsche Dichter Heinrich Heine (1797–1856), der später auch zum Idealbild für das dichterische Schaffen von Elisabeth werden sollte. Das rege Interesse an der Wissenschaft, das Herzog Max hegte, dokumentierte sich in seiner Bibliothek, die 27 000 Bände umfasste, sowie in umfangreich angelegten Sammlungen. Dafür unternahm er weite Reisen, wie etwa jene im Jahre 1838, kurz nach Elisabeths Geburt, die ihn über Griechenland nach Ägypten und Jerusalem führte. Von dieser Expedition brachte er nicht nur zahlreiche Reiseandenken mit, die er in einem Kuriositätenkabinett ausstellte, das er im orientalischen Stil in seiner Sommerresidenz Banz einrichtete, sondern hielt die Eindrücke auch in seiner Reisebeschreibung «Wanderungen nach dem Orient» literarisch fest.

Eine weitere zentrale Rolle im Leben des unkonventionellen Herzogs spielten Zirkus und Pferde. In seinem Münchener Stadtpalais, das in den Jahren 1828 bis 1831 von dem bekannten Architekten Leo von Klenze (1784–1864) errichtet worden war, heute allerdings nicht mehr existiert, ließ er im Hof einen Zirkus einrichten, wo er selbst die Hohe Schule ritt.

Durch seine Heirat am 9. September 1828 mit Maria Ludovika (1808–1892), einer Tochter seines Großonkels König Maximilian I. Joseph, war Herzog Max mit dem bayrischen Haupthaus, der regierenden Linie der Wittelsbacher, verwandtschaftlich noch enger verbunden. Dieses Haus stellte seinerzeit mit Ludwig I., der seit 1825 regierte, allerdings 1848 wegen seiner Affäre mit der irischen Tänzerin Lola Montez (1821–1861) abdanken musste, einen gemäßigt liberalen und schöngeistigen Herrscher. Auch dessen Nachfolger König Maximilian II. Joseph (1811–1864) war, wie sein Vater, konstitutionell eingestellt, kunstsinnig und den bayrischen Bräuchen und Trachten verbunden. König Maximilians II. Sohn, Ludwig II. (1845–1886), der ab 1864 regierte und als problematischer «Märchenkönig» galt, wird uns in der Biographie Elisabeths wiederbegegnen.

Dieses aus Heiratspolitik resultierende komplizierte verwandtschaftliche Beziehungsgeflecht brachte aber noch einen Aspekt mit sich, der langfristig von Bedeutung werden sollte: Eine der älteren Schwestern Ludovikas, Sophie (1805–1872), wurde mit dem wenig begabten österreichischen Erzherzog Franz Karl (1802–1878) verheiratet, aus deren Ehe Kaiser Franz Joseph (1830–1916) hervorging – somit war Sophie zugleich Tante und spätere Schwiegermutter Elisabeths. Max und Ludovika waren über diese Eheschließung, die ihnen auferlegt wurde, nicht sehr glücklich. Ludovika, die sich eine Verbindung mit dem Prinzen Miguel von Braganza, dem späteren König von Portugal (1802–1866), gewünscht hätte, wird sogar nachgesagt, sie habe bei ihrer Hochzeit den Fluch «Dieser Ehe und allem, was daraus hervorgeht, soll der Segen Gottes fehlen bis ans Ende» ausgesprochen. Dabei handelt es sich wohl aber um eine Legende, die sich auch im Mythos um ihre Tochter Elisabeth wiederfindet.

Die Ehe von Herzog Max mit Ludovika resultierte also keineswegs aus einer Liebesheirat. Trotz der acht Kinder, die dieser Beziehung entstammten, führten die beiden ein weitgehend voneinander getrenntes Leben, was nicht zuletzt der Ausspruch Ludovikas «Wenn man verheiratet ist, fühlt man sich so verlassen» erahnen lässt. Der phantasiebegabte und lebenslustige Max, dessen diverse Veranstaltungen als die amüsantesten der Münchener Hofgesellschaft galten, kümmerte sich wenig um seine Ehefrau, war oft auf Reisen und verkehrte häufiger als mit seiner Familie mit Künstlern und intellektuellen Männern, die er in der sogenannten *Artusrunde* in seinem Münchener Palais um sich versammelte. Aus seinen zahlreichen Liebschaften sind zwei uneheliche Töchter bekannt, die gleichwohl freien Zugang zu ihm hatten und mittags mit ihm speisten. Ludovika, der ein eher nüchterner Charakter, trockener Humor und eine Veranlagung zur Melancholie zugeschrieben wurden, war anders als ihr Mann erzogen und viel mehr in eine höfische Ordnung eingespannt worden. Der von ihr auf Französisch überlieferte Ausspruch: «Die Prinzessinnen müssen lernen, sich mit Anmut zu langweilen», mit dem sie einen Opernbesuch ihrer Kindheit kommentierte, bringt das in einmaliger Weise zum Ausdruck.

Von den acht gemeinsamen Kindern, Ludwig (genannt Louis, 1831–1920), Helene («Néné», 1834–1890), Carl Theodor («Gackel», 1839–1909), Marie (1841–1925), Mathilde («Spatz», 1843–1925), Sophie (1847–1897) und Max Emanuel («Mapperl», 1849–1893), war Elisabeth, die von allen Sisi gerufen wurde, die Drittgeborene.

Kindheit und Jugend

Die meisten Biographien attestieren ihr – man fragt sich oft: auf Basis welcher heute noch überprüfbarer Quellen? – eine glückliche Kindheit, die allerdings sicherlich von der schwierigen Beziehung ihrer Eltern überschattet war. Dass das Bild ihrer Kindheit vorwiegend positiv gezeichnet wird, beruht wohl nicht zuletzt darauf, dass Sisi in einer naturnahen Umgebung, durch Herkunft privilegiert, jedoch ohne höfischen Zwang, im Kreis ihrer zahlreichen Geschwister aufwuchs. Diese Zeit verbrachte sie nicht nur im Stadtpalais in München, sondern zu einem großen Teil in dem kleinen Landschloss Possenhofen, das sich in wunderschöner Lage am Ufer des Starnberger Sees befindet. Herzog Max hatte es mit dem Erlös aus dem Verkauf der Besitzungen der Familie Arenberg in Frankreich nach der Julirevolution 1830 erstanden. Das später von Elisabeth «geliebtes Possi» genannte Schlösschen wurde zur Lieblingshofhaltung des bayrischen Herzogs, der in Bayern auch noch das ehemalige Kloster Schloss Banz sowie einen alten Stammbesitz seiner Familie, das Wasserschloss Unterwittelsbach, erworben hatte. Der Haushalt in Possenhofen, der im Gegensatz zur Münchener Residenz nicht sehr geräumig war und nur eine bescheidene Einrichtung besaß, gestaltete sich zu einem locker-ungebundenen Ort, in dem Natur und Tiere eine wichtigere Rolle spielten als steifes Hofzeremoniell. Die Erziehung Elisabeths war sicher nicht auf den Wiener Hof ausgerichtet, denn eine Heirat an den kaiserlichen Hof erwog man bestenfalls für ihre ältere Schwester Helene. Die Erzieherin der beiden Schwestern war Luise Baronin Wulffen, spätere Gräfin Hundt, von der man wenig weiß. Sisi galt im Gegensatz zu ihrer älteren Schwester als keine gute Schülerin, aber als Liebling der Familie, da sie nach Aussage der wenigen Quellen über ihre Kindheit eine sanfte, freundliche und charmante Art aufwies. Bewegung an der frischen Luft und weite Spaziergänge waren ihr schon damals wichtig, sie liebte die freie Natur. Das Reiten – und das stellte keine Ausnahme dar, sondern war bei den Töchtern des Adels üblich – erlernte sie früh, und es gefiel ihr besonders.

Elisabeth wird eine besonders vertraute Bindung zu den beiden Geschwistern nachgesagt, die ihr altersmäßig am nächsten waren: Helene und Carl Theodor. Helene, mit der Sisi häufig Englisch sprach, was zeitweise nicht nur die bayrische Umgebung, sondern dann auch den Wiener Hof, an dem diese Sprache nicht gepflegt wurde, verärgerte, soll noch in späteren Jahren oft kalmierenden Einfluss auf ihre Schwester gehabt haben. Carl Theodor, laut Richard Sexau der erklärte Liebling Ludovikas, war in der Kindheit wahrscheinlich Elisabeths häufigster Spielgefährte. Sisi hielt zeitlebens innigen Kontakt zu ihrem Bruder, der später ein bekannter Augenarzt wurde, wenn auch das Verhältnis gelegentlich durch ihre Eifersucht auf seine Ehefrauen Sophie von Sachsen (1845–1867) und Marie José von Portugal (1857–1943) getrübt schien.

Während die trotz mancher Differenzen offenbar lebenslang enge Beziehung Elisabeths zu ihrer Mutter, «Mimi», relativ gut dokumentiert ist, kann man die zu ihrem Vater nach der vorhandenen Quellenlage nur schwer deuten. Dass ihr Verhältnis in den letzten Lebensjahren des Herzogs nicht besonders herzlich gewesen sein mag, lässt ein Tagebucheintrag von Elisabeths Tochter Marie Valerie vom Juni 1888 vermuten. Sie schildert Sisi als über den Schlaganfall ihres Vaters ebenso wenig bewegt wie sich selbst, und beim bald darauf stattfindenden Begräbnis war Elisabeth nicht einmal anwesend. Ob der Grund dafür in späteren Ereignissen oder schon in der Kindheit liegt, ist nicht bekannt.

Einerseits scheint Herzog Max, der ja zahlreichen Aktivitäten nachging, wenig zu Hause gewesen zu sein, sodass die elterliche Bezugsperson der Kinder wohl weitgehend Ludovika war, andererseits wird gerade seine Person mit einer glücklichen Kindheit Elisabeths assoziiert, da er sie möglichst frei von Zwängen aufwachsen ließ und ihr ermöglichte, ihren Vorlieben nachzugehen. So wird etwa berichtet, dass der Vater, der bekanntlich keine Berührungsängste mit dem Volk hatte und oft inkognito öffentlich musizierte, dazu auch die kleine Sisi mitnahm, die auf dem Jahrmarkt der Umgebung tanzte und mit ihrer Schürze das Geld auffing, das ihr die Bauernburschen zuwarfen. Später in Wien soll sie dieses ihren Hofdamen gezeigt und dazu bemerkt haben: «Das ist mein einziges je ehrlich verdientes Geld.»

In Anschauungen und Lebensstil kann man gewisse Ähnlichkeiten zwischen Herzog Max und seiner Tochter Elisabeth feststellen. Die Vorliebe für Dichten, Reisen und Reiten, die Liebe zum Zirkus und die schwärmerische Beziehung zu Heinrich Heine und zu Griechenland sind ebenso wie manch andere Eigenschaften evident. Doch hatten viele der bayrischen Wittelsbacher eine sehr enge Bindung an Griechenland, die meisten von ihnen waren philhellenisch wie König Ludwig I., dessen Sohn Otto (1815–1867) nach dem griechischen Unabhängigkeitskrieg 1832 der erste König von Griechenland wurde. Herzog Max galt aber selbst für bayrische Verhältnisse als unkonventionell, nicht nur wegen seiner vom Republikanismus beeinflussten politischen Haltung. Er war bekannt für seine Kuriositäten, wie etwa fünf getaufte «Mohrenknaben», die er am Sklavenmarkt in Ägypten erworben und nach Bayern mitgebracht hatte. Diese sind einerseits in eine längere Tradition der Freude am Exotischen einzuordnen, andererseits in die Mode der im 19. Jahrhundert immer beliebter werdenden «Völkerschauen», die zunehmend rassistische Elemente enthielten. Sowohl die demokratisch-republikanische Grundhaltung als auch die Freude an exotischen Menschen – sie bot ihrer Tochter Marie Valerie einen zwergenhaften, verkrüppelten Schwarzen namens Rudolph Rustimo (ca. 1861–1892) als Spielgefährten – erinnern bei Elisabeth an Wesenszüge ihres Vaters.

Sucht man nach Gemeinsamkeiten unter den Geschwistern, die entweder ererbt oder anerzogen waren, so findet man einige wenige Übereinstimmungen. Mehrere der Schwestern werden als exzentrisch beschrieben, und man sah eine gemeinsame Veranlagung zur Neurasthenie (Nervenschwäche) – im 19. Jahrhundert ein allerdings häufig gebrauchter Begriff –, die erblich gewesen sein könnte. Alle Mitglieder der Herzogsfamilie litten unter einer Empfindlichkeit der Augen gegen Licht. Marie von Redwitz erklärt damit den Fächer, den Elisabeth immer vor das Gesicht hielt. Die Schüchternheit und das Meiden großer Menschenmengen werden ebenfalls nicht nur Sisi, sondern auch den meisten Familienmitgliedern zugeschrieben. Inwieweit hier wirklich von ererbten oder eher von nur durch Sozialisierung weitergegebenen Eigenschaften gesprochen werden kann, bleibt allerdings sehr fraglich.

Verlobung und Hochzeit mit Kaiser Franz Joseph

Begegnung im Schatten der Revolution 1848

Das Leben Elisabeths, der jungen Herzogin in Bayern, sollte sich schlagartig im Jahre 1853 ändern, als sie gerade 15 Jahre alt war. Schon davor gab es – nicht zuletzt durch die Verwandtschaft mit Erzherzogin Sophie – Beziehungen zum Wiener Hof. Als im Jahre 1848 ein großer Teil Europas von revolutionären Ereignissen betroffen war, kommunizierten Ludovika und Sophie sowie deren beide Schwestern, die mit dem König von Preußen bzw. dem Thronfolger von Sachsen verheiratet waren, brieflich miteinander und versuchten, politischen Einfluss zu nehmen.

Während Sisis Familie von der Revolution 1848 in München relativ unbehelligt blieb und sich in das Haus des populären Herzogs Max in München sogar Mitglieder seiner regierenden Verwandtschaft flüchteten, da sie sich dort vor den Revolutionären sicher fühlten, war die Lage in der Habsburgermonarchie weitaus dramatischer. Die Aufstände mit den Brennpunkten in Wien, Prag und Ungarn waren ein deutlicher Einschnitt in der Geschichte des Staates, und die Märzrevolution des Jahres 1848 führte in der Residenzstadt des Reiches zu einer rasanten Entwicklung. Der mental schwache, an schweren epileptischen Anfällen leidende und regierungsunfähige Kaiser Ferdinand I. (1793–1875) hatte nach der Flucht des eigentlichen Entscheidungsträgers, des Staatskanzlers Wenzel Lothar Metternich (1773–1859), eine Verfassung genehmigt, welche die Forderungen der Studenten und Arbeiter nicht erfüllte, sodass es zu neuen Unruhen kam, die soziale und vor allem in Ungarn auch nationale Ursachen hatten. Infolgedessen floh der Hof ins kaisertreue Innsbruck, und somit gelangte auch Erzherzogin Sophie, die oft als «der einzige Mann am Wiener Hof» während der Unruhen des Jahres 1848 bezeichnet wurde, mit ihrer Familie nach Tirol. Da Innsbruck nicht weit entfernt von München liegt, besuchte Herzogin Ludovika im Juni, auf Einladung ihrer Schwester, mit ihren beiden Söhnen Ludwig und Carl Theodor sowie den Töchtern Helene und Elisabeth die habsburgische Verwandtschaft. Bei dieser Gelegenheit sah Sisi den 18-jährigen Franz Joseph zum ersten Mal. Er interessierte sich allerdings zu dieser Zeit nicht für sie, allzu sehr war er von den Ereignissen des Revolutionsjahres in Bann gezogen. Außer dem jungen Thronfolger waren noch seine beiden jüngeren Brüder Maximilian, der spätere Kaiser von Mexiko (1832–1867), und Karl Ludwig (1833–1896) anwesend. Der 15-jährige Karl Ludwig fand im Gegensatz zu Franz Joseph seine fast elfjährige Cousine sehr anziehend, und die beiden tauschten danach noch längere Zeit Briefe und kleine Geschenke aus, wobei sein Interesse an Sisi erheblich größer war als ihres an ihm.

Bis zu ihrer nächsten Begegnung mit den Habsburgern im Jahre 1853 lebte Elisabeth weiterhin ihr ungebundenes Leben in Possenhofen und München, zumal ihr Vater auch unter dem ab 1848 regierenden bayrischen König Maximilian II. keine Pflichten am Hof zu erfüllen hatte. In diese Zeit fallen eine Reise, die sie im August 1852 mit ihren Eltern und ihren Geschwistern Carl Theodor und Helene nach Bozen, Triest und Venedig unternahm, sowie die ersten Schwärmereien. Ihre Gefühle sind durch ihr illustriertes Lyrikbändchen von 1852 und 1853 dokumentiert, aus dem von Egon Caesar Conte Corti zitiert wurde, das sich aber in einem heute unzugänglichen Nachlass befindet. Hier zeigt sich u. a. Elisabeths Verehrung für einen jungen Mann namens Richard, der am herzoglichen Hof verkehrte, von dort aber nach Entdeckung der nicht standesgemäßen Zuneigung entfernt wurde. Nach Richards Tod gab die junge Herzogin ihre Trauer darüber in melancholischen Versen wieder, und auch eine spätere, nicht erwiderte Schwärmerei für einen jungen Grafen ist überliefert. Während aber Sisi noch weitgehend harmloses Interesse an jungen Männern hegte, war Ludovika, die alle ihre Töchter in möglichst guten Partien verkuppeln wollte, schon auf der Suche nach einem prestigeträchtigen Ehemann für Elisabeth. Eine Reise der jungen Herzogin im Frühling 1853 nach Dresden zu ihrer Tante Königin Marie von Sachsen, wo ein möglicher Heiratskandidat für sie gesehen wurde, blieb jedoch in dieser Hinsicht erfolglos.

In der Habsburgermonarchie war in der Zwischenzeit politisch einiges geschehen. Noch unter Kaiser Ferdinand I. waren sowohl die Revolution in Prag und Wien als auch die Aufstände in Italien und der Angriff des Königreichs Sardinien-Piemont auf die Lombardei niedergeworfen worden, bei dem man versucht hatte, die Schwäche des Habsburgerreiches für eine nationale Einigung Italiens auszunutzen. Die drei Feldherren Alfred Fürst zu Windisch-Graetz (1787–1862) in Prag und Wien, der Banus von Kroatien Joseph Graf Jelačić (1801–1859) in Wien und Joseph Wenzel Graf Radetzky (1766–1858) in Italien hatten der Konterrevolution zum Siege verholfen. Man überredete – und dabei spielte Franz Josephs Mutter, Erzherzogin Sophie, eine wesentliche Rolle – Kaiser Ferdinand zur Abdankung, die am 2. Dezember 1848 in Olmütz/Olomouc erfolgte. Sophies Mann Franz Karl, der Bruder des kinderlosen Ferdinand, verzichtete auf die Thronfolge und somit wurde der erst 18-jährige Franz Joseph Kaiser. Sophies Wünsche, die sie all die Jahre gehegt hatte, waren in Erfüllung gegangen. Schon seit seiner Kindheit hatte die Erzherzogin den Sohn, der einmal Kaiser werden sollte, durch eine strenge und militärische Erziehung auf diese zukünftige Rolle als Herrscher in der Monarchie vorbereitet.

Bei Franz Josephs erstem Patent (einem kaiserlichen Gesetz), das traditionell mit dem Namen «WIR Franz Joseph» begann, witzelten manche, dass damit die Initialen der drei siegreichen Feldherren gemeint seien. Tatsächlich stützte sich der junge Monarch in erster Linie auf die Armee. Das Militär war nicht nur 1848 in Wien und Prag, sondern im August 1849 mit russischer Hilfe auch über die Ungarn siegreich gewesen, die im April desselben Jahres in Debrecen die Habsburger für abgesetzt erklärt und eine Republik unter dem Präsidenten Lajos oder Ludwig Kossuth (1802–1894) ausgerufen hatten. Dieser gravierende politische Einschnitt sollte von langfristiger Wirkung sein. Wie schon nach der Eroberung Wiens durch Windisch-Graetz und Jelačić folgte ein grausames Strafgericht. Dreizehn hochrangige magyarische Revolutionäre wurden gemeinsam hingerichtet – nach dem Schauplatz des Kriegsrates «die Märtyrer von Arad» genannt – und viele andere Aufständische wurden ebenfalls Opfer der Todesurteile, die der junge Kaiser unterschrieb. Franz Josephs Regierungsantritt war also mit Blut geschrieben worden, und besonders Ungarn litt in der Folge noch lange unter diesem Trauma. Das Land der Magyaren wurde für die Ereignisse der Jahre 1848/49 vom jungen Kaiser und seinen Ratgebern mit dem Verlust seiner Privilegien, vor allem der Selbstverwaltung bestraft; nach der sogenannten Verwirkungstheorie hatte Ungarn durch den Aufstand den Anspruch auf seine alten Rechte verloren. Franz Joseph beseitigte die Spuren der Revolution in der Habsburgermonarchie rasch und etablierte mit dem Neoabsolutismus eine autoritäre, nicht konstitutionelle Regierungsform.

Im fünften Jahr seiner Regierungszeit schwebte der junge Herrscher, einige Monate vor der sein Leben prägenden neuerlichen Begegnung mit Elisabeth, in Lebensgefahr. Bei einem Spaziergang auf der Wiener Kärntnertor-Bastei wurde er von einem ungarischen Schneider namens János Libényi (1831–1853) mit einem Dolch angegriffen und unterhalb des Hinterkopfes verwundet. Das Attentat konnte jedoch von einem Adjutanten Franz Josephs abgewehrt werden, und Libényi, der symbolisch für den ungarischen Nationalismus und die Unzufriedenheit der sozial Schwachen stand, wurde gehängt.

Am Hofe der Herzöge in Bayern schmiedete man unterdessen Heiratspläne. Ludovika war mit ihrer in Wien lebenden Schwester Sophie zur Vereinbarung gekommen, dass die älteste bayrische Herzogstochter Helene, ein als sehr ernst und reif geltendes Mädchen, Franz Joseph als mögliche Braut präsentiert werden sollte. Die Tatsache, dass die beiden durch ihre Mütter sehr eng verwandt waren, spielte in diesen Planungen kaum eine Rolle. Blickt man auf die Beziehungen der Familie Wittelsbach und der Familie Habsburg zurück, so kann man einem Genealogen, der feststellte, dass es sich eigentlich um eine einzige Familie handelt, kaum ernsthaft widersprechen. Die Heiratsverbindungen der beiden katholischen Dynastien waren seit dem 16. Jahrhundert dicht und führten fast in jeder Generation zu Verwandtschaftsehen. Sophie hatte sich für Franz Joseph, der im deutschen Raum heiraten sollte, zunächst um andere Verbindungen mit einer preußischen sowie einer sächsischen Prinzessin bemüht, die jedoch nicht zustande gekommen waren.

Verlobung in Ischl

Im August 1853 begab sich Ludovika mit Helene nach Ischl im Salzkammergut, wo die Habsburger regelmäßig ihren Sommer verbrachten. Ob Elisabeth dabei nur als Begleitung, vielleicht in der Hoffnung, sie dem jüngeren Kaiserbruder Karl Ludwig nahezubringen, oder – aus Gründen der damaligen Rangfolge bei der Verheiratung von Töchtern weniger wahrscheinlich, aber manchmal aus Briefen der Erzherzogin Sophie gedeutet – als weitere Option für Franz Joseph mitgenommen wurde, kann nach den Quellen nicht klar beurteilt werden. Dort traf Sisi auf den jungen Kaiser, der sich augenblicklich in sie verliebte und ihrer Schwester, die eigentlich für ihn bestimmt war, keinerlei Aufmerksamkeit schenkte. Was wie die Szene eines schnulzigen Theaterstücks oder Films klingt, war offensichtlich Realität. Später wurde die Geschichte von schmückenden Legenden überlagert, die jeglicher Quellenbasis entbehren, und von einem romantischen Schleier verhüllt und vernebelt. Faktum ist jedenfalls, dass Franz Joseph deutlich machte, dass er die jüngere Schwester Sisi, die noch kindlich-ungezwungen war und sich erst langsam zur Frau entwickelte, statt Helene heiraten wollte. Schon am Morgen nach der ersten Begegnung schwärmte er seiner Mutter gegenüber von ihr, und beim Hofball zu seinem Geburtstag am 18. August brach er alle Etikettevorschriften, als er fast ausschließlich mit der jungen Wittelsbacherin tanzte. Nach einem nicht konfliktfrei verlaufenden Gespräch mit Sophie, die Bedenken an seiner Wahl äußerte, da Sisi im Gegensatz zu ihrer älteren Schwester auf so eine Rolle nicht vorbereitet worden war, brachte er seine Mutter am nächsten Tag schließlich dazu, bei Ludovika anzufragen, ob er um Elisabeths Hand anhalten könne. Im Ehrgeiz der Heiratspolitik verhaftet, überzeugte die bayrische Herzogin ihre Tochter davon, dass sie den jungen Kaiser ehelichen solle. Dieser gefiel Sisi zwar durchaus, doch hatte sie Angst, einen so hochstehenden Mann zu heiraten. In diesem Zusammenhang wird ihr der viel zitierte Ausspruch «Wenn er nur kein Kaiser wäre» in den Mund gelegt. Da aber Franz Joseph das rasante Tempo beibehielt, gab es am nächsten Tag ein *fait accompli*, die beiden waren verlobt. Der Kaiser schrieb in dieser Zeit für ihn ungewöhnlich emotionale Briefe an den König von Bayern und sogar an den russischen Zaren, in denen Worte wie *Überschwang*, *Freude* und *Lebensglück* an zentraler Stelle standen. Schnell verbreitete sich die Nachricht von der Verlobung in dem kleinen Ort Ischl. Neben der Familie feierten nun auch die Bürger durch eine Beleuchtung des Marktes und eine Lichtinstallation am Siriuskogel, die einen Tempel mit den Initialen FJ und E darstellte, den freudigen Anlass. Verschiedene Vorbereitungen für die Hochzeit begannen schon in den folgenden Tagen, etwa wurden Porträts der zukünftigen Kaiserin angefertigt, um der Neugier der Bevölkerung gerecht zu werden. Auch musste ein Ansuchen um Dispens an den Papst abgesandt werden, da die beiden im Sinne des katholischen Eherechts in einem zu nahen Verwandtschaftsverhältnis standen – eine Sonderregelung, die im Übrigen schon seit Jahrhunderten bei fast allen Hochzeiten im Hause Habsburg notwendig war!

Die bayrische Familie blieb bis zum 31. August in Ischl, dann begleitete Franz Joseph seine Braut bis Salzburg, wo man Abschied nahm. Erzherzogin Sophie schenkte ihrem Sohn und der zukünftigen Schwiegertochter zur Erinnerung an die Verlobung in Ischl eine Villa. Dieses Gebäude, bei dem man neben anderen baulichen Veränderungen in den folgenden Jahren Zubauten errichtete, um in Referenz an Elisabeth im Grundriss ein E darzustellen, ist die sich heute noch im Besitz der habsburgischen Familie befindliche Kaiservilla. Während der Verlobungszeit wurde auch der Ehepakt vorbereitet: Das Heiratsgut Elisabeths sollte 50 000 Gulden, die Widerlage – also der Teil, den der Ehemann in das eheliche Vermögen zur wirtschaftlichen Absicherung der Witwe einbrachte – 100 000 Gulden betragen, die Morgengabe 12 000 Dukaten und die Witwenapanage 100 000 Gulden jährlich. Vergleicht man das mit dem Einkommen der einfachen Bevölkerung der Zeit, so waren das gigantische Summen.

Nach ihrer Rückkehr nach Bayern erwartete Sisi ein straffes Programm. Einerseits musste sie für die Hochzeit mit angemessener Garderobe, Schmuck und anderen Ausstattungsgegenständen – insgesamt für den verwöhnten Wiener Hof nur wenig beeindruckende 25 Koffer – versorgt werden, und andererseits versuchte man die Bildungslücken der jungen Frau, so gut es in der kurzen Zeit ging, zu füllen. Als Erzieher wurde Johann Graf Mailáth von Székhely (1786–1855) bestellt, der Elisabeth Italienisch und Französisch lehren und ihr vor allem die Geschichte der Habsburgermonarchie näherbringen sollte. Er hatte in mehreren wissenschaftlichen Bereichen dilettiert, sein Hauptinteresse, das auch in einem fünfbändigen Buch seinen Niederschlag fand, war die Geschichte der Magyaren. Mailáth war einerseits ein Vertreter der Gesamtstaatsidee, loyal gegenüber den Habsburgern, andererseits allerdings ein nationalstolzer Ungar, der das junge Mädchen mit seiner Begeisterung für seine Heimat und deren Geschichte nachhaltig prägte. Der Einfluss dieser kurzen Episode auf Elisabeths Leben im Winter 1853/54, die Mailáth übrigens kein Glück brachte – er beging mit seiner Tochter im Jahr darauf völlig verarmt Selbstmord –, ist pädagogisch und intellektuell nicht zu unterschätzen.

Franz Joseph reiste in der Zeit ihrer Verlobung dreimal mit der Bahn über Prag, Dresden, Leipzig, Hof und München nach Possenhofen, um Sisi zu besuchen, obwohl ihn politische Schwierigkeiten beschäftigten und die Lage der Monarchie heikel war. Aus der Frage des Schutzes und der Nutzung der Grabeskirche in Jerusalem war eine Krise entstanden, die den Anlass des Krimkrieges (1853–1856) bildete, als der russische Zar Nikolaus I. (1796–1855) das Protektorat über die orthodoxen Christen im «Heiligen Land» beanspruchte. Russland kämpfte in diesem Krieg gegen das Osmanische Reich, das mit England, Frankreich und Sardinien-Piemont verbündet war.

Ziel der Russen war es, die Meerengen des Bosporus und der Dardanellen zu beherrschen und sich am Balkan auszubreiten. Franz Joseph musste in dieser Frage reagieren und sich entweder mit Russland, das ein Bündnis als Dank für die Hilfe gegen die aufständischen Ungarn 1849 erwartete, oder mit den westlichen Mächten verbünden. Der Kaiser jedoch wählte eine neutrale Haltung, die sich langfristig rächen sollte. Er isolierte die Habsburgermonarchie damit politisch, während Sardinien-Piemont, das die Absicht hatte, die Einigung Italiens gegen die Habsburger durchzusetzen, durch seine symbolische Beteiligung am Krimkrieg die Unterstützung des französischen Kaisers Napoléon III. (1808–1873) gewann.

Hochzeit in Wien

Vor diesem politischen Hintergrund verlief die Verlobungsphase, die von etlichen guten brieflichen Ratschlägen der zukünftigen Schwiegermutter Sophie für Sisi begleitet wurde. Nachdem der Ehepakt Anfang März 1854 unterzeichnet worden war, musste Elisabeth im sogenannten Renunciations-Akt am 27. März 1854 im Thronsaal der Münchener Residenz auf die bayrischen Thronrechte verzichten. Nach dem feierlichen Abschied von ihrer Heimat trat die junge Braut am 20. April 1854 ihre Reise nach Wien an. Die Fahrt nach Straubing erfolgte per Wagen, anschließend ging es mit dem Raddampfer *Franz Joseph* weiter nach Passau, wo man eine Triumphpforte errichtet hatte. Dort empfing sie eine kaiserliche Deputation und begleitete sie nach Linz, wohin ihr Franz Joseph entgegengereist war. Zwei Tage später kam Sisi per Schiff in Wien Nussdorf an, wurde dort feierlich empfangen und dann in der Kutsche nach Schönbrunn gebracht.

Elisabeth hatte aus ihrer Heimat kein Personal mitnehmen dürfen, sie bekam von Sophie, die sich um alles kümmerte und über alles bestimmte, Gräfin Sophie Esterházy, eine geborene Liechtenstein (1798–1869), als Oberstbofmeisterin zugewiesen. Diese war eine Vertraute der Mutter des Kaisers und fungierte als eine Art Gouvernante, die Sisi beaufsichtigen und leiten sollte. Erzherzogin Sophie war sich bewusst, dass es der jungen Frau, die sehr frei aufgewachsen war, Mühe bereiten könnte, mit der konservativen Wiener Hofaristokratie und dem ausgefeilten, historisch befrachteten Hofzeremoniell umzugehen. Da schon Elisabeths Großvater und ihr Vater für Verletzungen des Zeremoniells bekannt waren, befürchtete man – wie sich zeigen sollte, zu Recht – dass auch sie sich der höfischen Strenge entziehen könnte. Die völlige Unterordnung unter die engstirnigen zeremoniellen Zwänge war aus einer anderen Perspektive als der des Hofes gesehen, wo Repräsentation, Hierarchie und adelige Abstammung die Regeln bestimmten, nicht förderlich. Nicht nur das spanische Hofzeremoniell, das in den Grundzügen noch immer am Wiener Hof herrschte, hatte den Monarchen weitgehend von der Bevölkerung isoliert und eine große Distanz zur Hofgesellschaft aufgebaut. Elisabeths Rolle hätte es sein können, diese Kluft durch Präsenz und Nähe auszugleichen, doch das war nicht möglich. Einerseits zeigte die schüchterne Frau von sich aus nicht den Willen, aus der Reserve zu gehen, und andererseits war es ihr von Anfang an verboten, persönliche Beziehungen zu Mitgliedern des Hofstaats aufzubauen.

Am Tag nach ihrer Ankunft fand der feierliche Einzug in Wien von der Neuen Favorita – dem Schloss, das heute Theresianum heißt – aus statt. Sisi, die durch die distanzierte Haltung der Hofgesellschaft sowie das umfangreiche Zeremoniell, das sie in allen Details hatte einstudieren müssen, enorm verunsichert war, verbrachte die meiste Zeit weinend.

Für die Stadt und das Land war das Ereignis eine Attraktion – Franz Joseph hatte zur Feier des Tages eine Amnestie für einige 1848er-Revolutionäre erlassen und 100 000 Gulden zur Linderung der Not im Lande gestiftet. Inmitten sozialer Krisen und politischer Umstürze erweckte man mit dieser Hochzeit die Illusion einer heilen Welt. Panegyrische Flugblätter und Festschriften wurden verfasst, Triumphbogen errichtet, und sogar die Kaiserhymne erhielt eine zusätzliche Strophe:

«An des Kaisers Seite waltet,
Ihm verwandt durch Stamm und Sinn,
Reich an Reiz, der nie veraltet,
Unsere holde Kaiserin.
Was das Glück zuhöchst gepriesen,
Ström auf sie der Himmel aus!
Heil Franz Joseph, Heil Elisen,
Segen Habsburgs ganzem Haus.»

Die prunkvolle Trauungszeremonie am 24. April in der Augustinerkirche leitete der Erzbischof von Wien (ab 1855 Kardinal) Othmar Rauscher (1797–1875) – ein naher Vertrauter Sophies –, assistiert von 70 Prälaten und Bischöfen. Bei der danach stattfindenden Gratulation des Hofes und des diplomatischen Corps flüchtete Elisabeth unter gröblicher Verletzung des Zeremoniells weinend aus dem Saal. Die nach dem katholischen Eherecht für die Gültigkeit der Ehe notwendige *copulatio carnalis*, der erste Beischlaf und Vollzug der Ehe, fand erst in der dritten Nacht, die Elisabeth mit Franz Joseph verbrachte, statt. Die beiden Mütter scheinen inquisitorisch alle Details dieser intimen Situation erfragt zu haben – wie peinlich Sisi dieses Gespräch war, ist durch ihre Hofdame Marie Festetics belegt, der die Kaiserin in späteren Jahren darüber berichtete.

Eine ganze Fülle von Festen folgte dem Tag der Eheschließung. Beim Hofball am 27. April wurde der für diesen Anlass von Johann Strauss Sohn (1825–1899) komponierte Walzer *Elisabethenklänge*, der Motive der Kaiserhymne und des Bayernliedes kombinierte, uraufgeführt, und beim Praterfest konnte das ganze Volk die junge Braut (allerdings meist verweint) sehen. Elisabeth war überfordert, nicht nur die Anstrengung der repräsentativen Auftritte mit den damit verbundenen langwierigen Ankleidungsritualen, auch das komplizierte Protokoll, das ihr völlig unvertraut war, und die vielen unbekannten Menschen setzten ihr zu. Offensichtlich psychosomatische Reaktionen, klaustrophobische, mit Husten verbundene Anfälle, machten sich bemerkbar. Auch die Flitterwochen im Schloss Laxenburg, 18 km südlich von Wien, boten keine Erholung für die junge

Frau, denn der Kaiser fuhr täglich zur Arbeit nach Wien, und Sisi blieb, überwacht sowie wegen jeder Kleinigkeit von ihrer Schwiegermutter gemaßregelt, allein in Laxenburg zurück. Vierzehn Tage nach ihrer Hochzeit schrieb Elisabeth ein Gedicht, das ihre Stimmung deutlich widerspiegelt:

«Oh, dass ich nie den Pfad verlassen,
Der mich zur Freiheit hätt' geführt.
Oh, dass ich auf den breiten Straßen
Der Eitelkeit mich nie verirrt!

Ich bin erwacht in einem Kerker,
Und Fesseln sind an meiner Hand.
Und meine Sehnsucht immer stärker –
Und Freiheit! Du mir abgewandt!

Ich bin erwacht aus einem Rausche,
Der meinen Geist gefangenhielt,
Und fluche fruchtlos diesem Tausche,
Bei dem ich Freiheit! Dich – verspielt!» (Corti 54 f.)

Die Traumhochzeit hatte also dunkle Schattenseiten, denn die Gegensätze zwischen Elisabeth und Franz Joseph hätten gar nicht größer sein können. Der sehr konservative, fromme Herrscher, dessen Erziehung hauptsächlich militärisch und religiös verlaufen war und wenig Zeit für andere Bereiche des Lebens wie Natur und Kunst zugelassen hatte und die sehr frei und ungezwungen, mit einem demokratisch eingestellten Vater und einem starken Bezug zur Natur aufgewachsene, 16-jährige Elisabeth waren wie Eis und Feuer. Sisi, die ohne allzu große Vorbereitung in eine völlig neue Situation gekommen war, rebellierte gegen Repräsentation und ein strenges Hofzeremoniell, das ihr nicht vertraut war, fand aber auch bei ihrem Mann, der in diesem Umfeld aufgewachsen war, kein Verständnis und keine Hilfe. Schon in diesen ersten Tagen der Ehe traten also Konflikte auf, die vorauswiesen auf den weiteren Verlauf der Beziehung der beiden, welche sich sicherlich nicht so gestaltete, wie es die romantischen Anfänge in Ischl verheißen hatten.

Die frühen Ehejahre am Wiener Hof

Obwohl der Beginn der Ehe, selbst die Flitterwochen in Laxenburg, keineswegs als unbeschwert eingestuft werden können, war das Verhältnis der Eheleute bis zum Ende der 1850er Jahre – soweit man das aus den Quellen, die allerdings keinen ganz intimen Einblick ermöglichen, erschließen kann – recht gut. Franz Joseph war seiner jungen Frau sehr zugetan und Elisabeth scheint diese Liebe erwidert zu haben, wenn auch eines ihrer Hauptprobleme, die Bevormundung durch ihre Schwiegermutter Sophie, eng mit ihrem Mann zusammenhing. Franz Joseph konnte sich auch als Kaiser nicht vollständig von seiner dominanten Mutter emanzipieren, er vertraute ihrem Urteil und sie beeinflusste seine Politik ebenso wie seinen Alltag, griff tief in sein privates Leben ein und übte große Wirkung darauf aus, was am Wiener Hof geschah. Gerade die Rolle Sophies und ihr Verhältnis zu Kaiserin Elisabeth wurden in der Literatur immer wieder in kontroversen Ansichten diskutiert, und es existiert dort ebenso das Bild der bösen Schwiegermutter wie das der vollkommen rehabilitierten, guten Erzherzogin. Elisabeths Aussagen über ihre Beziehung zur Schwiegermutter stammen – neben manchen Andeutungen in einigen ihrer erhaltenen Briefe – meist aus späteren Jahren und sind etwa von der Hofdame Marie Festetics oder in Marie Valeries Tagebuch überliefert. In diesen Bemerkungen macht die Kaiserin im Rückblick die dominante Erzherzogin für viele ihrer Konflikte und Probleme in den ersten Ehejahren verantwortlich. Etwas anders gezeichnet sind die Tagebücher und Briefe Sophies, in denen sich die Verfasserin für diese Zeit durchaus wohlgesinnt über ihre Schwiegertochter äußert und die das Bemühen der Erzherzogin um die Familie zeigen, geschrieben allerdings mit dem Blick auf die Nachwelt. Zeitzeugen wie etwa Obersthofmeister Karl Fürst zu Liechtenstein (1790–1865) oder der kaiserliche Leibarzt

Johann Nepomuk Ritter von Seeburger (1800–1870), die beide im Tagebuch des Polizeiministers Johann Franz Freiherr Kempen von Fichtenstamm (1793–1863) zitiert werden, sprechen von «keinen Sympathien» bzw. einer «eisigen Kluft» zwischen Kaiserin Elisabeth und der Erzherzogin, und auch in Briefen Ludovikas an ihre Schwester Sophie wird die Hoffnung ausgedrückt, dass sich die beiden näherkommen. In der offensichtlich belasteten Beziehung von Sisi und ihrer Schwiegermutter, die aus der jungen Kaiserin eine Herrscherin machen wollte, wie sie selbst es gerne geworden wäre, dabei aber auf deren Widerspruch stieß, kann wohl keiner der beiden die alleinige Schuld zugewiesen werden. Ihre zwischenmenschlichen Probleme basierten vermutlich vorwiegend auf ihrem gegensätzlichen Charakter und ihren unterschiedlichen Auffassungen. Mit seiner engen Bindung sowohl an seine Mutter als auch an seine Ehefrau stand Franz Joseph bei Entscheidungen immer zwischen den beiden Frauen.

Für Elisabeths Eheleben kamen noch andere Umstände erschwerend hinzu. Nicht nur die wenig freundliche Atmosphäre in der Hofgesellschaft, auch der Tagesablauf ihres Ehemanns beeinträchtigten ein harmonisches Beisammensein. Franz Josephs Zeiteinteilung war – wie Sisi schon in den Flitterwochen feststellen musste – die eines pflichtbewussten Beamten. Er stand früh auf und bearbeitete, wenn er nicht betete oder Repräsentationspflichten nachkam, den ganzen Tag Akten. Das Paar unternahm wenig zusammen, und nur gelegentliche gemeinsame Spaziergänge und Ausritte unterbrachen Elisabeths Alltag, die keine Aufgaben außer der von ihr bald als sinnlos angesehenen höfischen Repräsentation hatte. Zudem waren die Interessen ihres Ehemanns von den ihren grundverschieden: Franz Josephs Leidenschaften galten dem Militärwesen und der Jagd und er schien auch angewandter Kunst gegenüber aufgeschlossen, für Literatur und Philosophie hatte er aber kaum etwas übrig.

Nicht nur diese persönlichen Faktoren, sondern auch viele praktische Dinge des Alltags am Wiener Hof erwiesen sich als nicht optimal. Die kaiserlichen Residenzen, insbesondere die Hofburg, waren niemals modernisiert worden, und der Kaiser weigerte sich standhaft, Bäder oder auch nur moderne Sanitäranlagen in seinen Appartements einbauen zu lassen; erst in den 1870er Jahren sollte sich Sisi mit der Installation von zeitgemäßen Badezimmern sowie Toiletten durchsetzen können. Die vielen mobilen Toiletten (der berühmte «Leibstuhl») verursachten, wenn die Inhalte über die Gänge transportiert wurden, immensen Gestank, und auch die Beleuchtung durch Petroleumlampen entwickelte intensive Gerüche, zusätzlich schwärzte sie die Räume mit Ruß. Bis zur Errichtung der Ersten Wiener Hochquellenwasserleitung 1870–1873 waren zudem die Wasserversorgung nicht gerade hygienisch und das Trinkwasser von schlechter Qualität. Dass die Kaiserin und ihr Ehemann konträre Auffassungen von Modernisierung hatten, zeigte sich später auch bei zwei Bauten, die für Sisi in den 1880er Jahren geplant wurden, nämlich der Hermesvilla und dem Achilleion. Während in der Hermesvilla, die ein Geschenk Franz Josephs an seine Gemahlin war, der Bauherr bei Heizgeräten und der Ausstattung von Sanitärräumen auf Komfort verzichtete, verfügte das von ihr persönlich eingerichtete Achilleion über Fußbodenheizung, große Badezimmer mit fließend Warm- und Kaltwasser sowie elektrisches Licht.

Erste gemeinsame Reise

Eine Abwechslung im ehelichen Alltag bot sich Elisabeth unmittelbar nach den Flitterwochen, als sie gemeinsam mit ihrem Mann Anfang Juni 1854 eine große Reise in zwei der vielen Kronländer der Monarchie, nach Mähren und Böhmen, unternahm. Diese Länder spielten im komplexen Gebilde des Staates eine besondere Rolle. Mähren, das durch die räumliche Nähe zu Wien schon immer enge Verbindungen zum Wiener Hof hatte, war im Oktober 1848, als die Revolution in Wien auf einen entscheidenden Endkampf zusteuerte, zum Zufluchtsort der kaiserlichen Familie geworden, die im Palais des Erzbischofs in Olmütz Aufnahme fand, wo auch die Abdankung Kaiser Ferdinands I. und somit der Herrschaftsantritt Franz Josephs vonstattengingen. Böhmen hatte im Jahre 1848 hingegen weniger

Loyalität gezeigt, allerdings war der Prager Pfingstaufstand schnell niedergeschlagen worden. Der böhmische Adel – Familien wie die Kinsky, Czernin, Lobkowitz oder Schwarzenberg – spielten am Wiener Hof eine dominante Rolle und gehörten zu jener Hofclique, auf die sich die konservative Politik der Erzherzogin Sophie stützen konnte.

Der Besuch des Kaiserpaares in Mähren verlief ohne politische Spannungen und es standen keine überbordenden und übertriebenen zeremoniellen Auftritte auf dem Programm. Sisi absolvierte Besuche in Waisenhäusern, Spitälern und Schulen und machte dabei einen guten Eindruck auf die Bevölkerung, sie sprach mit den einfachen Menschen – eine Nähe, die ihre formlose Erziehung in Bayern ermöglicht hatte – und in vielen glomm die Hoffnung auf, dass sie die Rolle der Landesmutter erfüllen könne. Die Chance, eine «Volkskaiserin» zu werden, sollte aber in der Folge schnell zunichtegemacht werden. Das Volk schrieb ihr später zwar manche Abmilderung im absolutistischen System, z. B. im Militärstrafrecht, zu, aber Sophie und der Hof zwangen Elisabeth in eine andere Rolle. Sie hatte ebenso wie der Kaiser abgehoben und distanziert von der Bevölkerung zu sein und den absolutistischen Staat zu repräsentieren. Aufgaben im Sinne der christlichen Caritas waren formale Verpflichtungen, die nicht mit emotionalem Engagement verwechselt werden durften.

Ganz anders als der Aufenthalt in Mähren verlief die Reise nach Prag, wo man im alten böhmischen Residenzschloss am Hradschin wohnte. Hier gab es viele repräsentative Anlässe, Empfänge, Diners und Audienzen, bei denen die böhmische Hocharistokratie, ähnlich wie am Hof in Wien, den Ton angab. Sisi kam mit diesem Adel nicht sonderlich gut zurecht, sie entwickelte geradezu eine Abneigung gegen diese Gruppe, und ihre Fortschritte in der Erlernung der tschechischen Sprache waren gering. In späterer Zeit sollte sie ihr Ressentiment gegen die «böhmischen Hofschranzen» offener zeigen und 1876 bei den Pardubitzer Jagden als besondere Provokation sogar einen ungarischen Csikoshut tragen. Im Zuge des Aufenthalts in Prag besuchte das junge Paar Kaiser Ferdinand und seine Frau, die nach der Abdankung in Böhmen lebten. Ferdinand war im Lande sehr beliebt, was nicht zuletzt damit zusammenhing, dass er zum böhmischen König gekrönt worden war. Da sich Franz Joseph und später auch sein Nachfolger Karl in Böhmen nicht krönen ließen – das hätte eine Anerkennung der Landesprivilegien und damit des böhmischen Staatsrechtes zur Grundlage gehabt –, sollte Ferdinand in den Augen der Böhmen der letzte legitime Monarch dieses Königreiches bleiben. 1854 jedoch traten diese Probleme in Böhmen noch nicht in solcher Schärfe zutage und der Besuch des Kaiserpaares verlief auch hier politisch friedlich.

Geburt der Kinder

Zurück am Wiener Hof, ging der Alltag des Zeremoniells für Sisi weiter. So musste sie etwa zu Fronleichnam an der Prozession teilnehmen, was ihrer relativ liberalen religiösen Haltung widersprach. Über die aktuelle politische Lage – den Krimkrieg – wurde sie nicht informiert, hingegen beriet sich Franz Joseph oft mit seiner Mutter darüber.

Elisabeths Stellung am Hof wurde noch schwieriger, als das eintrat, was man von einer Kaiserin erwartete. Die erst 16-jährige Elisabeth wurde schon zwei Monate nach der Hochzeit schwanger, was sie zunächst sehr freute, doch dieser Umstand beschnitt ihre Freiheiten zusätzlich. Von Erzherzogin Sophie, die selbst mehrere Fehlgeburten erlitten hatte und sich in ihren Schwangerschaften daher extrem hatte schonen müssen, wurden ihr zahlreiche Verhaltensregeln erteilt. Sie durfte nicht mehr reiten – eines der wenigen Vergnügen, die sie hatte – und sich nicht mehr mit ihren Papageien beschäftigen, da man glaubte, dass eine Schwangere «sich verschauen» könnte, was angeblich zu Missbildungen des Kindes führte. Zudem hatte sich Elisabeth hochschwanger der Öffentlichkeit zu präsentieren und musste alle Vorbereitungen auf das Kind ihrer Schwiegermutter überlassen, die Sisis Leben in dieser Zeit noch stärker als bisher bestimmte. Franz Joseph war mit der angespannten politischen Situation überfordert, was sich nicht günstig auf das private Leben auswirkte.

Am 5. März 1855 erblickte das erste Kind des Kaiserpaares, Erzherzogin Sophie (1855–1857) – benannt nach ihrer Großmutter, Großtante und Taufpatin –, das Licht der Welt. Auffallend war, dass Elisabeths Mutter Ludovika nicht angereist kam, obwohl das bei Erstgeburten von Herrscherinnen eigentlich üblich war. Innerhalb der folgenden drei Jahre erlebte die junge Kaiserin noch zwei weitere Schwangerschaften. Ein knappes Jahr nach der kleinen Sophie wurde am 12. Juli 1856 die zweite Tochter, Gisela (1856–1932), geboren und dann am 21. August 1858 der erhoffte Thronfolger, Erzherzog Rudolf (1858–1889), dessen Geburt schwer verlief, wovon Sisi sich nur langsam erholte. Schon kurz nach der Geburt der zweiten Tochter kam es zu einer Auseinandersetzung mit Erzherzogin Sophie, die ihre Enkeltöchter gänzlich unter ihre Aufsicht stellte und Sisi weitgehend von der Erziehung ausgeschlossen zu haben schien. Welchen Umfang dieses Fernhalten tatsächlich hatte, ist aber zu hinterfragen, denn das meiste darüber wissen wir aus der späteren Perspektive Elisabeths, während es andererseits zeitnahe Quellen gibt, die von einem vertrauten Umgang der Kaiserin mit ihren Kindern in diesen ersten Jahren berichten. Die Wahrheit wird wohl, wie so oft, in der Mitte liegen. Einerseits war Sophie besorgt, dass die noch sehr junge, nicht in ihrem Sinne erzogene und eingestellte Schwiegertochter der Rolle als Mutter nicht gewachsen war und die Kinder in einer Weise beeinflussen würde, die sich mit den Vorstellungen Sophies und Franz Josephs von der Monarchie – Gottesgnadentum, Absolutismus und Adelsherrschaft – nicht vereinbaren ließen. Andererseits fand sich Sisi in ihrer Rolle als Mutter ausgesprochen eingeschränkt, zumal die Kinder in der Wohnung der Erzherzogin, entfernt von den Zimmern der Eltern, untergebracht waren. Im Hintergrund muss man dabei das Bezugssystem des Adels und der Dynastie zu Kindern im 19. Jahrhundert sehen und darf nicht – wie das häufig geschieht – aus der heutigen Perspektive bürgerlicher Familienideale urteilen. Selbstverständlich war ein großer Teil der Pflege und Erziehung von Kindern der Habsburger dem Personal überlassen. Ammen und Kindermädchen kümmerten sich um das leibliche Wohl. Verantwortlich für die

Erziehung und Versorgung eines Kindes bis zum sechsten Lebensjahr war die Vorsteherin der Kindskammer – traditionell mit dem spanischen Wort *Aja* bezeichnet –, die dann bei den Söhnen von einem männlichen *Ajo*, der die gesamte Bildung durch Hauslehrer koordinieren sollte, ersetzt wurde. Ab 1855 hatte diese Position Karoline Freifrau von Welden (1812–1892) inne, von Gisela und Rudolf später liebevoll *Wowo* genannt. Außerdem besaßen die Erzherzöge und Erzherzoginnen einen eigenen Hofstaat, der ihr Leben organisierte. Der Anteil der Eltern an der Erziehung der Kinder im Hause Habsburg hielt sich prinzipiell in Grenzen, und auf dieser Grundlage muss man auch das Verhältnis der Kaiserin Elisabeth zu ihren Kindern einschätzen.

Sisi schien jedenfalls im September 1856 zum ersten Mal deutlich gegen ihre Schwiegermutter opponiert zu haben, und sie nutzte dafür offensichtlich die Gelegenheit eines längeren privaten Zusammenseins mit Franz Joseph fernab des Hofes, eine Reise, die das Kaiserpaar mit wenig Zeremoniell und in einfacher, ländlicher Kleidung Anfang September 1856 nach Kärnten und in die Steiermark unternahm. Es ist zumindest die erste offene Konfrontation, die bekannt und schriftlich belegt ist. In einem Brief an seine Mutter trat Franz Joseph nach der Rückkehr – wenn auch nicht ganz eindeutig – im Streit um eine von Sisi gewünschte, aber von Sophie abgelehnte Verlegung der Kinderzimmer auf die Seite seiner Frau. Schließlich wurden die Töchter trotz des Protests der Erzherzogin in die Radetzky-Zimmer der Hofburg, die den Räumlichkeiten des Kaiserpaares nahe lagen, umquartiert.

Reisen nach Italien und Ungarn

Ebenfalls gegen den Widerstand Erzherzogin Sophies wurde die ältere Tochter im Winter 1856/57 auf eine viermonatige Reise des Kaiserpaares nach Italien mitgenommen, die weitaus weniger angenehm verlief als jene nach Kärnten und in die Steiermark. Die Lage in den beiden Provinzen Venetien und Lombardei, die man aufsuchte, war angespannt. Nachwirkungen der Revolution 1848 und ihrer Bestrafung zeigten sich noch deutlich, und die Frage der nationalen Einigung Italiens warf bereits ihren Schatten voraus. Nachdem der «Heilige Krieg» *(Guerra Santa)* König Karl Alberts von Sardinien-Piemont (1798–1849) als Versuch, die Lombardei zu erobern und damit den ersten Schritt zur Vereinigung Italiens zu setzen, 1848 gescheitert war und Karl Albert 1849 abgedankt hatte, entwickelte der Ministerpräsident des neuen Königs Vittorio Emanuele II. (1820–1878), Camillo Benso Graf Cavour (1810–1861), eine andere Strategie. Einerseits gab man Sardinien-Piemont eine fortschrittliche Verfassung, die das Land attraktiv für die konstitutionell eingestellten, liberalen Eliten in ganz Italien machen sollte, und andererseits schaltete man sich durch die Teilnahme am Krimkrieg in die europäische Politik ein. Diese Themen waren zur Zeit des Besuches des Kaiserpaares hochaktuell und führten zu einer gespannten Stimmung im Lande, das dem jungen Paar, in dessen Begleitung sich auch Elisabeths Bruder Carl Theodor befand, keineswegs freudig zujubelte. Es wurden sogar Anschlagsversuche unternommen, u. a. war schon am Schiff in Triest aufgrund von Sabotage eine riesige Kaiserkrone aus Kristall zersprungen und später in der kaiserlichen Burg in Mailand war eine Lunte gezündet worden, die mehrere mit Pulver gefüllte Bierflaschen explodieren ließ. Weder das Volk bereitete ihnen also einen herzlichen Empfang noch der Adel. Von diesem blieb ein großer Teil den Empfängen überhaupt fern. Berühmt – nicht zuletzt durch eine köstliche Szene in Ernst Marischkas *Sissi*-Film von 1955 – ist die Tatsache, dass die Adeligen in Mailand ihre Dienstboten zur Opernaufführung in die Scala schickten, zu der Franz Joseph eingeladen hatte. Dass die Kaiserin in den italienischen Provinzen alle ihre repräsentativen Pflichten eisern wahrnahm und ihre Anmut dabei sehr gelobt wurde, konnte an dem allgemeinen negativen Bild Österreichs in der italienischen Öffentlichkeit nicht viel ändern. Sisi entwickelte keine große Sympathie für Italien, und der Kaiser sah die Schwierigkeit der Lage deutlich, die sich auch nicht dadurch entschärfte, dass man 1857 den greisen Feldmarschall Radetzky in den Ruhestand versetzte und eine Zivilverwaltung unter der Führung des Kaiserbruders Erzherzog Maximilian als Generalgouverneur von Lombardo-Venetien einsetzte. Solche gemeinsamen Reisen des Kaiserpaares boten aber für Elisabeth die Möglichkeit, ihren Einfluss auf den Ehemann zu verstärken. Das geht beispielsweise aus einem Ausspruch Dr. Seeburgers hervor, der sich nach dem Aufenthalt in Mailand beklagte, dass die Kaiserin «gar nicht sich schone und körperliche Leiden verheimliche», Franz Joseph jedoch ließe «die Sachen gehen», da er «unter dem Pantoffel» stünde.

Schon wenige Wochen danach besuchte das junge Paar Ungarn. Die politische Lage dieses Landes war mindestens ebenso problematisch wie die der italienischen Provinzen. Franz Joseph hatte sich durch die drastischen Strafmaßnahmen und Hinrichtungen 1849 sowie durch die Etablierung einer brutalen Militärverwaltung sicherlich keine Freunde im Land gemacht, wenngleich von ihm langsam manche der Maßnahmen zurückgenommen und abgemildert worden waren. Elisabeth, die vom ungarischen Adel in Budapest, der sich in seiner selbstbewussten Haltung deutlich von dem des Wiener Hofs unterschied, aber freundlich aufgenommen wurde, fühlte sich spontan zu den Magyaren hingezogen – wieweit hier die nationale Geschichtsidee ihres Lehrers Mailáth nachwirkte, sei dahingestellt. Die Fahrt in die ungarischen Provinzen musste jedoch abgebrochen werden, denn die Reise, an der auch – wieder gegen den Wunsch und Willen der Erzherzogin Sophie – die beiden Töchter Sophie und Gisela teilnahmen, endete tragisch. Die Kinder erkrankten schwer an Fieber und Durchfall, und die zweijährige Sophie, Lieblingsenkelin der gleichnamigen Großmutter, starb am 29. Mai 1857 in den Armen der Kaiserin in der Königlichen Burg in Ofen/Buda. Zeitgenössische Quellen zeigen, dass Elisabeth über den Tod ihrer Tochter bitterlich trauerte, und für ihr Verhältnis zur Schwiegermutter wie auch für ihre Rolle als Mutter sollte dieser Verlust nachhaltige Folgen haben. Erzherzogin Sophie fühlte sich nun noch mehr darin bestätigt, dass man der jungen Kaiserin die Kinder nicht anvertrauen könne. Sisi aber zog sich von der überlebenden Tochter sowie dann von ihrem Sohn Rudolf, der fünfzehn Monate nach dem Tod der kleinen Sophie geboren wurde, emotional zunehmend zurück. Durch die psychischen Belastungen verschlechterte sich auch ihre körperliche Verfassung.

Die folgende Zeit wurde auf allen Ebenen immer schwieriger. 1859 brach der vorauszusehende Krieg in Italien aus, der Zweite Italienische Unabhängigkeitskrieg, der die kaiserliche Familie und das Land stark belastete. Franz Joseph hatte den Konflikt, provoziert von einer beträchtlichen Aufrüstung in Sardinien-Piemont, vom Zaun gebrochen, doch die österreichische Armee, das «Lieblingsspielzeug des Kaisers», wurde beim ersten größeren Treffen der beiden Armeen bei Magenta am 4. Juni 1859, entscheidend geschlagen. Elisabeth versuchte offensichtlich, wie aus Franz Josephs Briefen hervorgeht, das erste Mal in der Politik Einfluss zu nehmen und riet zum Frieden. Der Kaiser aber setzte nicht nur den Krieg fort, sondern übernahm sogar persönlich den Oberbefehl – Elisabeth begleitete ihn bei seinem Aufbruch nach Italien noch bis Mürzzuschlag. Allerdings machte Franz Joseph als Feldherr keine gute Figur, und mit der besonders blutigen Schlacht von Solferino am 24. Juni 1859, auf deren schrecklichen Eindrücken Henry Dunants (1828–1910) Gründung des Roten Kreuzes beruht, hatte die Habsburgermonarchie den Krieg verloren. Im Juli wurde der Waffenstillstand von Villafranca geschlossen, im November der Frieden von Zürich. Die Lombardei wurde an Napoléon III. abgetreten, der sie an Sardinien-Piemont weitergab und dafür Grenzkorrekturen an der französisch-piemontesischen Grenze im Westen erhielt. Die Provinz Venetien blieb ebenso wie das Trentino und die Stadt Triest mit ihrem Umland unter habsburgischer Herrschaft, was noch lange Zeit andauernde nationale Probleme schuf.

Viele Verwandte des Kaiserpaares waren von den Ereignissen in Italien betroffen, die italienischen Sekundogenituren der Habsburger in der Toskana und in Modena wurden durch Aufstände vertrieben und die Familien flüchteten nach Wien. Elisabeths Schwester Marie war ebenfalls unmittelbar involviert. Sie war mit dem letzten König beider Sizilien, Francesco II. (1836–1894), verheiratet. Kaum war die Ehe geschlossen und der junge Bourbone zum König geworden, begann der Kampf um die italienische Einigung, in dem Giuseppe Garibaldi (1807–1882) den Süden Italiens von der Herrschaft der absolutistisch regierenden Bourbonen befreite. Franz Joseph konnte, da er selbst im Krieg stand, den bedrängten Verwandten seiner Frau, die regen Anteil an deren Schicksal nahm, nicht zu Hilfe kommen und sah sich außerstande, diese finanziell und militärisch zu unterstützen. Bis 1861 hielten sich die bourbonischen Herrscher in Süditalien – zuletzt in der Festung Gaeta, an deren Verteidigung die 19-jährige Marie, die oft als «Heldin von Gaeta» bezeichnet wird, beachtlichen Anteil hatte. Schließlich musste der König kapitulieren und ging mit seiner Ehefrau ins Exil. So wurde auch sie ein «Opfer» der Einigung Italiens, was Elisabeths Abneigung gegen den italienischen Staat bestärkte.

Die lange Trennung von ihrem Ehemann und der Krieg schienen Sisi zu überfordern. Quellen wie etwa der schon zitierte Dr. Seeburger berichten, dass die Kaiserin zwar «um den abwesenden Kaiser trauert und weint», aber «stundenlang zum Abbruch ihrer Gesundheit» reite sowie «eigentlich unbeschäftigt sei» und dass sich ihre «Berührungen zu den Kindern nur höchst flüchtig» gestalten. Franz Joseph bat sie in seinen Briefen, mehr zu essen und zu schlafen, weniger zu jammern und sich zusammenzureißen sowie Anstalten zu besuchen, «damit sich die gute Stimmung in Wien erhalte», was sie nach einiger Zeit schließlich tat.

Der Krieg brachte auch für Elisabeths persönliches Leben große Umstellungen. Sie errichtete in Laxenburg ein Spital für Verwundete und kümmerte sich öffentlich um diese wahren Opfer des Krieges. Doch in ihrer Stellung bei Hof hatte sie durch die Heirat des jüngeren Kaiserbruders Maximilian mit der belgischen Prinzessin Charlotte (1840–1927) Konkurrenz bekommen. Dank ihrer genealogisch lupenreinen Herkunft und höfischen Erziehung wurde diese zum Liebling Sophies und Gegenbild Sisis.

Nach dem Ende des Krieges schlitterte die Habsburgermonarchie im Winter 1859/60 in eine politische Krise. Es gab Unruhen und Attentatspläne, die Militärreform gestaltete sich schwierig und deckte Korruption auf. Eine Verfassung auszuarbeiten – gegen die sich Franz Joseph sträubte – schien unvermeidlich, und die konstitutionelle Monarchie wurde schließlich mit dem Oktoberdiplom 1860, durch das ein Reichsrat eingerichtet wurde, und seiner revidierten Fassung, dem Februarpatent des Folgejahres, Realität. Allerdings war dies kein echter, mutiger Schritt zum Konstitutionalismus, sondern ein wenig überzeugtes Nachgeben gegenüber einer unvermeidlichen politischen Forderung der Zeit. All diese Schwierigkeiten gingen an Elisabeth jedoch im Prinzip vorbei, denn Franz Joseph scheint über Politik nur mit seiner Mutter gesprochen zu haben, nicht mit seiner Ehefrau. Nicht nur, dass sie über die politische Lage in Unkenntnis gelassen wurde, gefährdete ihre Beziehung zu Franz Joseph, dieser begann offensichtlich zudem einige Liebschaften. Elisabeth reagierte mit Protest und Provokation. So organisierte sie etwa sechs kleine Bälle, zu denen 25 junge Paare geladen wurden, allerdings – ganz gegen die höfischen Usancen – ohne die Mütter der jungen Frauen, daher war Sophie nicht eingeladen. Letztlich aber kam es zur «Flucht» Elisabeths zur bayrischen Familie nach Possenhofen im Juli 1860, bei der sie Gisela mitnahm. Damit begann ein neuer Abschnitt in der Beziehung der Eheleute und ein weitgehender Wandel im Leben Sisis, die sich vom Hof und seinen Zwängen zunehmend zu entfernen versuchte.

Der weite Weg zu Freiheit und Selbstbestimmung

Wenn auch die ersten Ehejahre nicht immer spannungsfrei verlaufen waren, so war doch nach außen hin der Schein gewahrt geblieben. Elisabeth hatte sich den öffentlichen Aufgaben gestellt und auch die traditionell wichtigste Pflicht der Ehefrau eines Monarchen erfüllt. Trotz ihres jugendlichen Alters hatte sie in kurzer Zeit drei Kinder, darunter den ersehnten Thronfolger, zur Welt gebracht. Die Konflikte mit der Familie und der Hofgesellschaft schlugen sich zwar bei ihr psychisch und physisch nieder, aber das war öffentlich nicht sichtbar geworden.

Im Jahre 1860 nahmen die Symptome von Krankheit, nachdem sie sich durch den Aufenthalt im Sommer in Possenhofen kurzzeitig gebessert hatten, jedoch bedenkliche Formen an. Das Problem der Interpretation der Quellen dazu besteht darin, dass die Diagnosen sehr unterschiedlich sind und auch die Aussagen von Augenzeugen, die Sisi in diesen Jahren gesehen haben, keine eindeutigen Symptome nennen und durchaus nicht einhellig sind. So ist die entscheidende Frage: War Elisabeth wirklich krank? nicht zu beantworten. Vermutlich kommt man mit dem Konzept der psychosomatischen Erkrankung der Realität am nächsten, denn ihr Zustand besserte sich jeweils mit der Abwesenheit vom Hof und verschlechterte sich mit ihrer Heimkehr sofort.

Madeira

Jedenfalls war ihre Gesundheit durch Nervenkrisen und wenig Essen sowie exzessives Reiten schwer angeschlagen, und sie hatte ständig mit Husten zu kämpfen. Im Oktober 1860 diagnostizierte der berühmte Arzt der Zweiten Wiener Medizinischen Schule Dr. Josef Škoda (1805–1881) eine Lungenerkrankung, aber auch von Bleichsucht, dem damaligen Ausdruck für Blutarmut, war die Rede. Er empfahl dringend einen Aufenthalt im Süden, um die Krankheit zu kurieren. Dafür wählte Elisabeth einen ungewöhnlichen Aufenthaltsort, den sie durch die Erzählungen ihres Schwagers Maximilian kennengelernt hatte, der auf seiner Rückreise von Brasilien in Madeira gewesen war und die Insel in glühenden Farben schilderte. Madeira galt damals nicht als einer der klassischen Orte für die Kur bei Lungenerkrankungen, die in dieser Zeit sehr verbreitet waren. Traditionell fuhr der Adel in Luftkurorte in den Alpen, in die Schweiz (Davos) oder in den Süden nach Italien – besonders beliebt in der Habsburgermonarchie war Meran –, an die französische Riviera oder nach Ägypten. Madeira war jedenfalls ein ungewöhnliches Reiseziel, hatte aber den Vorteil für Sisi, dass Besuche der Familie unwahrscheinlich waren. Das Fluchtverhalten scheint dabei augenfällig, denn die rätselhafte Erkrankung Elisabeths wird zumeist als Flucht vor den einengenden Umständen, denen sie mit passivem Widerstand begegnete, gedeutet. Der Aufbruch in die Ferne rief Erstaunen und auch Ablehnung bei der Familie und dem Hof hervor. Eine Monarchin, die ihre zwei kleinen Kinder und ihren Ehemann für ein halbes Jahr verließ und sich so weit weg begab – das bot nicht wenig Gesprächsstoff. In den Aussagen der Zeitgenossen bei Hof vermisst man Mitleid mit der kranken Kaiserin, denn sie war in diesen Kreisen – ganz anders als beim Volk – nicht sehr beliebt. Da nur spärliche Informationen über Sisis Gesundheitszustand aus der Hofburg drangen, begannen nun in der Öffentlichkeit allerlei Gerüchte über die Kaiserin zu kursieren. Dabei war sogar die Version einer venerischen Krankheit im Umlauf, mit der der Kaiser seine Gemahlin angesteckt haben soll.

Als die Kaiserin im November 1860 in der Morgendämmerung von dem von tausenden Lichtern beleuchteten Bahnhof in Penzing ihre Fahrt antrat, huldigten ihr nicht nur Minister und Staatsbeamte, sondern auch eine Anzahl ungarischer Magnaten. Sisi reiste über München, wo sie kurz ihre bayrische Familie traf, Bamberg und Mainz nach Antwerpen. Die englische Königin Victoria (1819–1901) stellte ihr in Oostende für die Reise ihre Privatjacht *Victoria & Albert* zur Verfügung, die sie auf die damals noch wenig für Reisende erschlossene Insel brachte. Auf ihrer Fahrt wurde Elisabeth nicht von der ihr verhassten Oberhofmeisterin Sophie Esterházy begleitet, sondern von der jungen Witwe Prinzessin Mathilde Windisch-Graetz (1835–1907) deren Mann in Solferino gefallen war. Im Gefolge der Kaiserin befanden sich neben Obersthofmeister Graf Johann Nobili (1798–1884) u. a. ein Hofkaplan, Ärzte, Ehrenkavaliere und Dienerschaft sowie auch ihre Hofdamen Gräfin Karoline/Lilly Hunyády (1836–1907) und Fürstin Helene von Thurn und Taxis (1836–1901). Auf Madeira mietete Sisi um eine hohe Summe den Landsitz *Quinta das Angústias*, auch *Quinta Vigia* genannt, der, von einem Blumengarten begrenzt, mit Blick aufs Meer westlich von Funchal lag. Elisabeth gestaltete dort ihren Tagesablauf ähnlich wie in ihrer Jugend in Possenhofen, sie umgab sich mit großen Hunden und legte sich eine kleine Menagerie von Papageien und anderen auf der Insel lebenden Tieren zu. Sie las viel, spielte mit ihren Hofdamen Karten und unternahm Bootsfahrten oder Ausflüge auf der Insel in den landestypischen Ochsenschlitten (*carro de bois*), die von einem Kutscher, der zu Fuß daneben herging, geführt wurden. Außerdem beschloss sie, Ungarisch zu lernen, und fand darin Unterstützung bei einem ihrer Ehrenkavaliere, dem jungen Adeligen Imre Hunyády (1827–1902). Als sich dieser jedoch zunehmend in sie verliebte, wurde er von Franz Joseph, der regelmäßig einen Kurier auf die Insel schickte und sich von ihm informieren ließ, abberufen. So wie bei vielen späteren vermeintlichen Beziehungen der Kaiserin zu – meist ungarischen – Männern brodelte die Gerüchteküche. Da die Frage, ob Sisi auch ein intimes Verhältnis mit Hunyády hatte, anhand der Quellen nicht zu beantworten ist, öffnete sie auch in der Literatur Spekulationen jeglicher Art über Elisabeths Sexualleben die Tür. Es kann jedoch angenommen werden, dass der mit ehelicher Aufmerksamkeit nicht gerade verwöhnten Kaiserin die Verehrung des jungen Mannes guttat. Offensichtlich war, dass der Aufenthalt in Madeira positive Auswirkungen auf ihr Selbstbewusstsein hatte. Auch ihr gesundheitlicher Zustand besserte sich schnell – den Nachrichten nach zu schließen –, wenngleich sich ihre stark melancholischen Gemütszustände weiterhin zeigten. Alles in allem führte die Kaiserin auf Madeira ein ruhiges Leben, das aber nicht nur die Mitreisenden, sondern auch sie selbst zu langweilen schien.

Mit Wien und ihrer bayrischen Heimat stand Sisi in brieflichem Kontakt, nicht nur mit der Familie, der sie oft über ihre Sehnsucht nach dem Kaiser und vor allem nach ihren Kindern schrieb, sondern auch mit Franz Josephs früherem Generaladjutanten Karl Ludwig Grünne (1808–1884). Diesen bat sie um politische Informationen, die sie durch ihren Ehemann nicht bekam. In Elisabeths Briefen an Grünne zeigte sich schon damals ihr Fernweh nach anderen Ländern, und sie äußerte darin ihren Widerwillen, in Wien ihr altes Leben, das ihr nur durch die Kinder erträglich schien, wiederaufnehmen zu müssen, sowie ihre Abneigung gegen ihre Schwiegermutter.

Korfu, Venedig und Kurorte

Im Mai 1861 kehrte Sisi zurück. Sie wählte dafür nicht wieder die Fahrt über Oostende, sondern den Seeweg über die Straße von Gibraltar und das Adriatische Meer. In Spanien bewunderte sie die Sehenswürdigkeiten von Sevilla und Cadiz sowie die Werke des Malers Bartolomé Esteban Murillo (1618–1682) und reiste dann über Malta und Korfu, dessen landschaftliche Schönheit sie in den Bann zog. Nachdem Franz Joseph sie in Triest in Empfang genommen hatte, fuhr sie weiter nach Wien, wo sie jedoch schon nach wenigen Tagen wieder erkrankte. Dr. Škoda diagnostizierte nun galoppierende Lungenschwindsucht, und es wurde allgemein davon ausgegangen, dass die Kaiserin bald sterben würde. Ende Juni 1861 verließ Sisi erneut den Hof, diesmal in Richtung der Insel Korfu, die sie erst kurz zuvor für sich entdeckt hatte. Wieder war das eine für die Kur bei ihrer Krankheit ungewöhnliche Entscheidung, wahrscheinlich abermals maßgeblich nach ihren persönlichen Vorlieben getroffen. Franz Joseph brachte sie nach Triest, und ihr Schwager Maximilian begleitete sie mit ihrem 33-köpfigen Gefolge, dem auch Dr. Škoda angehörte, sogar bis auf die Insel. Dort bezog Elisabeth das Landhaus des britischen Lordoberkommissärs der Ionischen Inseln, das er ihr zur Verfügung stellte. Da man aber nicht wieder auf gemietete Einrichtungsgegenstände zurückgreifen wollte – aus Madeira waren nachträglich hohe Entschädigungsforderungen für die dort genutzten Möbel gekommen –, wurde ihr Appartement zunächst mit den Schiffsmöbeln, dann mit einem vollständigen *Ameublement* aus Wien, das mit zwei Transporten nach Korfu kam, ausgestattet. Die Kaiserin blieb mehrere Monate auf der Insel, erhielt dort aber Besuche aus der Heimat. Nicht nur ihre Lieblingsschwester Helene, mittlerweile verheiratete Erbprinzessin von Thurn und Taxis, trat auf Bitten des besorgten Franz Joseph die Fahrt an, zuvor reiste u. a. auch Karl Ludwig Grünne nach Korfu. Grünne sollte vermutlich in der Ehe mit dem Kaiser vermitteln, zerstritt sich allerdings – aus nicht eindeutig bekannten Gründen – mit der Kaiserin, die damit einen wichtigen Vertrauten verlor. Aus den Berichten der Besucher ergibt sich ein diffuses Bild von Elisabeths Zustand. Man fand sie depressiv, sie hungerte, wirkte aufgedunsen und blass. Helene konnte sie immerhin überreden, täglich dreimal Fleisch zu essen und vier Gläser Bier zu trinken, und unternahm mit Sisi trotz großer Hitze weite Ausflüge, etwa zur albanischen Küste oder auf die Insel Zakynthos. Den Nachrichten zufolge scheinen sich Sisis Gesundheit und ihre nervliche Konstitution durch den Aufenthalt ihrer Schwester deutlich verbessert zu haben. Abendliche Spaziergänge, Seebäder in einem eigens für sie errichteten Badehaus, eine Lustfahrt mit dem Hofstaat im Matrosengewand oder die Anwesenheit bei einer Regatta für die Boote der österreichischen Escadre wurden als Zeitvertreib Elisabeths in den zeitgenössischen Tageszeitungen geschildert.

Mit Franz Joseph, der im Oktober selbst zu Besuch nach Korfu kam und dort nicht nur Promenaden mit seiner Frau unternahm, sondern einen großen Teil der Zeit auch militärische Anlagen inspizierte und inkognito dem Exerzieren der englischen Truppen beiwohnte, fand die Kaiserin schließlich einen Kompromiss. Den Winter sollte sie mit den Kindern zwar fern des Wiener Hofes, aber innerhalb der Grenzen der Habsburgermonarchie, in Venedig, verbringen. Ende Oktober 1861 brach Elisabeth in die Lagunenstadt auf, wo sie u. a. von den jungen Erzherzögen Ludwig Salvator von Österreich-Toskana (1847–1915) und Johann Salvator (1852–1911, für tot erklärt) begrüßt wurde und wenige Tage danach ihre Kinder in Empfang nahm. Da Sisi nach einigen Wochen durchsetzen konnte, dass Gräfin Sophie Esterházy als Obersthofmeisterin entlassen und durch die nach aristokratisch-hierarchischen Gesichtspunkten rangniedrige Gräfin Pauline Königsegg (1830–1912) ersetzt wurde, erfolgte dieser Aufenthalt dann ohne allzu große Überwachung durch ihre Schwiegermutter. Neben gelegentlichen Spaziergängen am Lido und einem Ausflug nach Vicenza, der in der damaligen Presse als der einzige Besuch des Festlandes während ihrer Anwesenheit in Venedig bezeichnet wurde, verblieb Elisabeth zumeist im kaiserlichen Palast und vertrieb sich die Zeit vor allem mit Lesen und dem Anlegen eines Schönheitenalbums.

Die gereizte politische Stimmung in der Lagunenstadt gegen die österreichische Herrschaft war auch diesmal deutlich für sie spürbar. Franz Joseph reiste mehrere Male an, laut Pressebericht einmal sogar nur für wenige Stunden inkognito zum Namenstag Elisabeths am 19. November, und verbrachte Weihnachten mit der Familie. Er besichtigte aber während seiner Besuche wieder vorwiegend Festungen und nahm – begleitet von seinem dreijährigen Sohn Rudolf – Militärparaden ab. Inwieweit sich das Verhältnis der Eheleute verbessert hatte, lässt sich daraus nicht beurteilen, gesundheitlich und seelisch war die Kaiserin trotz ihrer Versuche, ihr Leben eigenmächtiger zu gestalten, aber in keiner guten Verfassung. Allerdings klingen die Diagnosen dieser Zeit noch widersprüchlicher als alle davor. Nun war neben Lungenkrankheit und Rheuma wieder von Blutleere, Bleichsucht und von Wassersucht, die ihre Füße so stark hatte anschwellen lassen, dass sie kaum gehen konnte, die Rede. Die Angst, lange dahinzusiechen und dadurch dem Kaiser zur Last zu fallen, verstärkte Elisabeths depressive Stimmung zusätzlich. Nachdem ihre besorgte Mutter und ihr Bruder Carl Theodor sie in Venedig besucht hatten, fuhr Sisi auf Anraten des hinzugezogenen Münchener Hausarztes der bayrischen Familie, Obermedizinalrat Dr. Heinrich Fischer (1814–1874), im Mai 1862 über den aufsteigenden Nobelkurort Reichenau an der Rax ohne Halt in Wien nach Bad Kissingen. Gleichzeitig begann sich die Unsicherheit, die in der Bevölkerung über den Gesundheitszustand der Kaiserin herrschte, in zeitgenössischen Zeitungsartikeln durch unterschwellige Kritik niederzuschlagen.

In Bad Kissingen, das sich als Kurort bei der europäischen Hocharistokratie zunehmender Beliebtheit erfreute, wurden Elisabeth als Therapie für ihre Wassersucht eine Trinkkur mit dem Wasser des Rákóczy-Brunnens sowie Schlammbäder verordnet. Dass bei ihrem Aufenthalt ihr Vater, Herzog Max, und ihr Bruder Carl Theodor anwesend waren, trug sicherlich zum Heilerfolg bei. Nach der sechswöchigen Kur besuchte Sisi Possenhofen. Dort waren auch ihre beiden Schwestern Marie und Mathilde zu Besuch, die seit der verlorenen Herrschaft in Süditalien mit ihren Ehemännern, dem König beider Sizilien

Francesco II. bzw. dessen Bruder Graf Ludwig von Trani (1838–1886), den Mathilde geheiratet hatte, in Rom lebten. Marie befand sich in einer verzweifelten Situation. Sie war von einem Geliebten schwanger und weigerte sich strikt, zu ihrem Mann, der aufgrund einer Phimose (Vorhautverengung) impotent war, zurückzukehren. Zur gemeinsamen Beratung reisten weitere Familienmitglieder an, u. a. Franz Joseph, der eine Woche am Starnberger See blieb. Die aufgeregte Stimmung seiner Töchter soll aber letztendlich Herzog Max beendet haben, indem er diese vor die Tür setzte. Nun begab sich Elisabeth in die Heimat und knapp vor dem 18. August 1862, dem Geburtstag des Kaisers, kam sie in Wien an. Aber auch nach der langen Abwesenheit erwartete sie dort nicht nur trautes Familienglück. Die Kinder waren in Reichenau, Franz Joseph oft auf der Jagd, und die Kaiserin pendelte zwischen Wien und der Sommerfrische von Rudolf und Gisela. Zudem fanden in der bayrischen Familie weitere Konferenzen über die prekäre Lage der schwangeren Schwester, in denen auch Erzherzogin Sophie zu Rate gezogen wurde, statt. So kam es Anfang September 1862 zu einem Treffen von Sisi mit Ludovika und den Schwestern in Passau und einen Monat später fuhr sie gemeinsam mit ihrer Schwester Helene nach Traunstein. Nach der dortigen Zusammenkunft mit Marie zog sich diese in ein Kloster in Augsburg zurück, um dort geheim ihr Kind, ein Mädchen, zur Welt zu bringen. Das Baby wurde schlussendlich der Obhut des leiblichen Vaters – wahrscheinlich ein belgischer Adeliger – übergeben und Marie kehrte zu ihrem Mann zurück, mit dem sie nach einer erfolgreichen Operation seines Leidens verheiratet blieb und eine Tochter bekam, die allerdings bald nach der Geburt verstarb.

Repräsentative Aufgaben

Durch die intensive Reisetätigkeit der Kaiserin waren ihre Reise-Extraordinarien 1862 um mehr als eine halbe Million Gulden überschritten worden. Obwohl Kleinigkeiten auch weiterhin oft zu familiären Missstimmungen führten, verbrachte Sisi, bis auf jährliche Kuren in Bad Kissingen, einem Aufenthalt in Dresden 1865 anlässlich der Hochzeit ihres Bruders Carl Theodor mit Prinzessin Sophie von Sachsen und Besuchen in Possenhofen und München, die nächsten Jahre bis 1866 vorwiegend am Hof in Wien bzw. Ischl.

Für diese Zeit wird Elisabeth in der Literatur oft auf ihren zunehmenden Schönheitskult, die Entwicklung eines ausgeprägten Selbstbewusstseins und auf ihr wachsendes Interesse für Ungarn reduziert. Es zeigte sich jedoch auch, dass Elisabeth sich damals offensichtlich bemühte, den karitativen und repräsentativen Aufgaben einer Monarchin gerecht zu werden. So finden sich zahlreiche zeitgenössische Presseberichte über Besuche der Kaiserin in Mädchen- und Knaben-Erziehungsinstituten, Waisenhäusern, Bürgerversorgungsanstalten oder Irrenhäusern, wo sie überall rege Empathie zeigte. Wie gründlich Sisi allerdings wirklich über die sozialen Zustände in der Hauptstadt und den Provinzstädten der Habsburgermonarchie informiert war, ist fraglich und noch mehr, ob sie in diesem starren System, selbst in ihrer Position, etwas dagegen hätte unternehmen können.

Wenngleich auch weiterhin körperliche Indispositionen öfters als Entschuldigungsgrund für ihr Fernbleiben von repräsentativen Verpflichtungen dienten, so war die Kaiserin doch bei Hofbällen, dem Karussell in der Winterreitschule – bei dem man vom Pferde aus nach einem aufgehängten Ring stach –, Fronleichnamsprozessionen und anderen öffentlichen Veranstaltungen anwesend. Am 1. Mai 1865 nahm sie gemeinsam mit Franz Joseph die Eröffnung der Ringstraße vor, die allerdings zu diesem Zeitpunkt nur teilweise fertig war. Dieses Projekt, das 1857 mit einem «allerhöchsten Handschreiben» des Kaisers initiiert worden war, beseitigte die Stadtbefestigung der Reichs-, Haupt- und Residenzstadt Wien und verband die Innenstadt folglich mit den Vorstädten und Vororten, war also der Beginn der Entstehung der «Metropole Wien». Die Prunkstraße, die schon damals von großen öffentlichen Gebäuden wie der Oper, dem Burgtheater, den Museen, dem Rathaus, dem Parlament und der Universität geprägt war, zieren neben Parks und den genannten Gebäuden die prunkvollen Ringstraßenpalais der Hochbourgeoisie – boshaft *palazzi prozzi* genannt. Elisabeth wurde beim großen Festakt vor dem Äußeren Burgtor mit einer anschließenden Hoftafel für die Ehrengäste und einer Fahrt mit 100 Equipagen in den Prater vom Volk begeistert umjubelt.

Bei ihren öffentlichen Auftritten, bei denen die Kaiserin sehr wenig und leise gesprochen haben soll, wird sie von Zeitgenossen als freundlich, aber schüchtern und scheu beschrieben. Kritische Stimmen behaupten, dass man sich dabei über nur wenige Themen mit ihr unterhalten konnte. Ob der Grund dafür wirklich in einem Mangel an Interessen oder aber nur in ihrer Abneigung gegen den *small talk* bei Hofe lag, sei dahingestellt. Neben diesen Verpflichtungen versuchte Sisi aber weiterhin, sich persönlichen Freiraum zu verschaffen. Sie begann wieder mit dem Reiten und unternahm Spaziergänge, bei denen ihr der Kaiser, der nach ihrer langen Abwesenheit nun vermehrt Rücksicht auf ihre Empfindlichkeiten zu nehmen schien, unliebsame Überwachung vom Halse zu halten versuchte.

Mit Erzherzogin Sophie kam es weiterhin zu Spannungen, wie etwa anlässlich eines Besuchs Elisabeths bei einem Konzert von Richard Wagner (1813–1883) in Wien, den die Schwiegermutter nicht guthieß. In einer anderen Angelegenheit stimmten die beiden allerdings überein, nämlich in ihrer Skepsis und Sorge um Maximilian, der die Kaiserkrone von Mexiko angenommen hatte und seine Heimat in Richtung Amerika verließ. Franz Josephs Bruder hatte sich, getrieben von seiner höchst ehrgeizigen Frau Charlotte, vom französischen Kaiser Napoléon III. zu diesem Schritt überreden lassen. Naiv nahm er die Einladung einiger mexikanischer Hochadeliger für den Willen des Volkes und ging in das politisch sehr unsichere Land. Sisi und auch Sophie waren voller Angst und Vorahnung, die sich schließlich erfüllen sollte. Nach einer Auseinandersetzung mit dem gewählten Präsidenten Benito Juarez (1806–1872) in einem Bürgerkrieg wurde Maximilian schließlich gefangen genommen und am 19. Juni 1867 in der Nähe der Stadt Querétaro standrechtlich erschossen. Die Kaiserin hatte nicht nur regen Anteil am Schicksal des Schwagers genommen, sondern zeigte Sophies Tagebuch zufolge nach dem Tod Maximilians auch tiefes Mitleid für die trauernde Schwiegermutter.

Zeitgenössische Quellen, wie Briefe Franz Josephs an seine Mutter oder Tagebucheintragungen von Sophie, lassen vermuten, dass sich das Eheleben von Elisabeth und Franz Joseph zeitweise verbessert hatte, allmählich hatte sich aber auch das Machtverhältnis der beiden Eheleute verändert. Der Kaiser war oft nachgiebig, aus Angst, Sisi erneut zu verlieren, diese aber war sich dessen bewusst und verwendete die Drohung, den Hof zu verlassen, als Druckmittel.

Machtkampf um die Erziehung Kronprinz Rudolfs

Zu einem Machtkampf kam es schließlich 1865. Vorrangig ging es um die Erziehung des Kronprinzen Rudolf, der zwar ein intelligenter Knabe war, aber, wie Sophie und Franz Joseph beklagten, eine zarte Konstitution aufwies. Sein Vater mit seiner fast schon pathologischen Neigung zum Militär wollte ihn «hart hernehmen» und zu einem tapferen Soldaten ausbilden. Verantwortlich dafür war ab Rudolfs sechstem Lebensjahr der französische Graf Leopold Gondrecourt (1816–1888), der den zarten Knaben mit militärischer Disziplin und Abhärtung zu erziehen versuchte. So ließ er ihn stundenlang exerzieren, machte mit ihm Wasserkuren, setzte ihn in der Nacht im Park aus und weckte ihn durch Pistolenschüsse. Der junge Erzherzog reagierte – ähnlich wie seine Mutter – in dieser Stresssituation mit Krankheit. Was passiert wäre, hätte nicht – gegen jedes Reglement – einer der Untergebenen Gondrecourts, Josef Latour von Thurmburg (1820–1903), es gewagt, die Kaiserin zu informieren, ist schwer zu sagen. Sisi ging nun, nachdem sie bisher defensiv reagiert hatte, in die Offensive über und stellte Franz Joseph und damit indirekt auch Sophie ein Ultimatum, das nicht nur das Leben ihres Sohnes, sondern auch ihr eigenes betraf. Sie erpresste den Kaiser gewissermaßen und legte in einem Schreiben, das bezeichnenderweise nur von den Autoren Sexau und Conte Corti, die Zugang zu heute nicht mehr einsehbaren Quellen hatten, mit leichten Varianten zitiert wird, ihre Haltung unmissverständlich dar.

«Ich wünsche, daß mir vorbehalten bleibe unumschränkte

Vollmacht in Allem, was die Kinder betrifft, die Wahl ihrer Umgebung, den Ort ihres Aufenthaltes, die complette Leitung ihrer Erziehung, mit einem Wort, alles bleibt mir ganz allein zu bestimmen, bis zum Moment der Volljährigkeit. Ferner wünsche ich, daß, was immer meine persönlichen Angelegenheiten betrifft, wie unter anderem die Wahl meiner Umgebung, den Ort meines Aufenthaltes, alle Anordnungen im Haus p. p. mir allein zu bestimmen vorbehalten bleibt. Elisabeth. Ischl, 27. August 1865.»

Diese Forderungen waren vor dem Hintergrund des patriarchalischen Familienmodells dieser Zeit eine Ungeheuerlichkeit. Selbst in einer durchschnittlichen bürgerlichen Familie wäre die Vorstellung, dass die Frau allein für die Erziehung der Kinder verantwortlich sein könnte und zudem alle Freiheiten ihres persönlichen Lebens garantiert haben wollte, als eine Zumutung erschienen. Umso mehr erstaunt es, dass in der Dynastie, die äußerst reaktionär und von alten Traditionen beeinflusst war, diese Forderungen akzeptiert wurden. In Elisabeths Leben sollte dieser Übergang von der Flucht in Krankheit und Reisen zur offenen Opposition am Hofe eine dramatische Wende bedeuten, die ihr weiteres Leben völlig umgestaltete.

Ungarn und die politische Seite der Kaiserin

Hatte die Kaiserin im Familienkreis energisch ihre Forderungen bezüglich der Erziehung des Kronprinzen und ihrer persönlichen Lebensgestaltung durchsetzen können, so vertrat sie in den 1860er Jahren ebenso vehement ein Anliegen auf politischer Ebene. Die Habsburgermonarchie, in die Sisi eingeheiratet hatte, war ein sehr komplexes Gebilde, das mit ihrer ausschließlich deutschsprachigen Heimat Bayern nicht zu vergleichen war.

Am Beginn der Neuzeit, nach der entscheidenden Schlacht bei Mohács 1526, bei der der König von Böhmen und Ungarn von den Osmanen besiegt worden und gestorben war, hatte sich das Grundkonstrukt der Habsburgermonarchie gebildet. Zu den österreichischen Ländern traten Böhmen und – wenn auch erst nach langen Kämpfen gegen die Osmanen – Ungarn hinzu, die beide den Erzherzog von Österreich, Ferdinand I. (1503–1564), zu ihrem König machten. Im Laufe der weiteren Entwicklung wurden außerdem Gebiete in Italien sowie Galizien, Lodomerien und die Bukowina – Landschaften, die heute grenzüberschreitend in Polen, der Ukraine und Rumänien liegen – Teil dieser Monarchie.

Die Ungarn hatten am Wiener Hof immer eine untergeordnete Rolle gespielt, und nach der Revolution des Jahres 1848/49, in der sie die Habsburger des Landes verwiesen und die Republik ausgerufen hatten, war ihr Einfluss am Wiener Hof noch geringer geworden. Elisabeth jedoch brachte den Ungarn große Sympathien entgegen. Wodurch diese Zuwendung zu den Magyaren bedingt war, ist schwer zu sagen. Vermutlich hatte sie schon ihr Erzieher in der Zeit als Verlobte des Kaisers, Graf Johann Mailáth von Székhely, stark für das Ungarntum begeistert. Diese möglicherweise schon damals in Elisabeth angelegte Neigung zur ungarischen Adelsnation könnte sich in Wien als Gegenposition zu ihrer Schwiegermutter Erzherzogin Sophie und der Hofaristokratie verstärkt haben, war doch am Wiener Hof eine große Skepsis gegen die Magyaren vorhanden. Obwohl die kaiserliche Ungarnreise im Jahre 1857 durch den Tod ihrer Tochter Sophie so tragisch überschattet worden war, vertiefte offensichtlich auch der Umgang mit den galanten, die Schönheit der jungen Kaiserin wertschätzenden magyarischen Adeligen die Ungarn-Begeisterung der jungen Frau.

Erste Grundlagen ungarischen Wortschatzes dürften Sisi auf Madeira durch ihren Begleiter Graf Imre Hunyády sowie seine Schwester, ihre Hofdame Lilly, mit der sie später eine langjährige Freundschaft verband, vermittelt worden sein. Nach ihrer Rückkehr an den Wiener Hof begann die Kaiserin ab 1863 systematisch Ungarisch zu lernen. Ihre Umgebung war skeptisch, denn diese Sprache galt als besonders schwierig und Elisabeth hatte bisher noch wenig Erfolg mit Sprachen gezeigt. Sie sprach angeblich recht gut Englisch, das ihr am Wiener Hof kaum nutzte, doch anfänglich nur wenig Französisch und Italienisch. Bevor sie die beiden Sprachen wirklich beherrschte, hatte sie vermutlich Sätze zur Konversation auswendig gelernt. Am Tschechischen war sie gescheitert – wie man behauptet, kannte sie kaum die Zahlwörter –, was nicht zuletzt mit einer inneren Abneigung gegen die mächtige böhmische Hofgesellschaft zusammenhängen kann.

Der Ausgleich mit Ungarn

Elisabeths Lehrer für Ungarisch war ein Geistlicher namens Emerich Homoky, der in den späten 1830er Jahren am Gymnasium der Piaristen im ungarischen Tata/Totis unterrichtet hatte und 1863, als Elisabeths Sprachausbildung begann, Professor der ungarischen Sprache am Theresianum in Wien war. Die Lektüre von ungarischen Zeitungen, durch die sich Sisi auch über das politische Geschehen in Ungarn informierte, trug sicherlich zum raschen Sprachlernerfolg der Kaiserin bei. Später konnte sie mit Ida von Ferenczy (1839–1928), die 1864 als Gesellschafterin für ungarische Konversation von ihr angestellt wurde, ihr Ungarisch perfektionieren. Diese junge Frau stammte aus einer kleinen landadeligen Familie aus Kecskemét, was dazu führte, dass sie aus hierarchischen Gründen nur als Vorleserin und nicht als Hofdame engagiert werden konnte, denn dazu hätte sie dem höheren Adel angehören müssen. Elisabeth und Ida Ferenczy empfanden sofort Sympathie füreinander, und zwischen den beiden entstand schnell eine Art von Freundschaft, die lebenslang dauern sollte. Die Vorleserin wurde eine enge und völlig loyale Vertraute der Kaiserin, die letztlich nach 1898 ihren schriftlichen Nachlass verwaltete. Sie begleitete die Kaiserin nicht nur auf ihren Reisen, sondern vermittelte ihr auch den Kontakt mit liberalen ungarischen Politikern, vor allem mit Ferenc/Franz Deák (1803–1876). Deák zählte gemeinsam mit István/Stefan Széchenyi (1791–1860) und József/Josef Eötvös (1813–1871) zu den führenden liberalen Politikern des Landes. Széchenyi galt vielen als der «größte Ungar», verlor aber seine führende Stellung 1848 an den Revolutionsführer und für viele andere Ungarn «größten Nationalhelden» Kossuth, mit dem er über die Frage der Eigenständigkeit Ungarns und der Magyarisierungspolitik nicht einer Meinung war. Es ist klar, dass der indirekte Kontakt zu Deák und seinem Umkreis in den Augen des Wiener Hofs keinen passenden Umgang für die Kaiserin und keine der Linie Wiens entsprechende politische Haltung darstellte.

Franz Deák setzte 1865 zu Ostern in seinem Artikel im *Pesti Napló* vom 15. April eine Diskussion in Gang, an der Sisi entscheidend mitwirkte, denn mit diesem Artikel schlug er Verhandlungen zu einem «Ausgleich» mit Österreich vor, wie er schließlich 1867 Realität werden sollte. Deák war der Meinung, die Ungarn sollten sich mit dem König, also Franz Joseph, über eine Verfassung einigen, während Kossuth aus seinem Exil in Turin einen solchen Ausgleich verwarf. In der politisch kritischen Situation um 1865 – in Italien hatte der Nationalismus gesiegt, die Frage einer deutschen Einigung wurde immer brisanter und die innere Lage in der multinationalen Habsburgermonarchie war schwierig – drängte Elisabeth im Juni ihren Mann zu einer Ungarnreise. Bei dieser Reise setzte Franz Joseph erste Signale zu einer Verbesserung der Situation und machte Zugeständnisse gegenüber den Magyaren, wie etwa die Aufhebung der Militärgerichtsbarkeit.

Eine Rolle bei Sisis großem Engagement für den Ausgleich mit Ungarn spielte sicher auch ein anderer ihrer Sprachlehrer, Miksa/Max Falk (1828–1908), der ihr in den Jahren 1866 und 1867 Ungarischunterricht erteilte. Auch er gehörte zum Kreis jener, die eine Veränderung der ungarischen Situation forderten. Er stand nicht nur in naher Verbindung mit Deák und Eötvös, sondern auch mit dem Herausgeber des *Neuen Wiener Tagblatts*, Moritz Szeps (1835–1902), der später enge Beziehungen zum Kronprinzen Rudolf haben sollte. Für die konservative Wiener Hofgesellschaft war dieses Netzwerk skandalös, denn sowohl Falk als auch Szeps waren jüdischer Herkunft, und der Antisemitismus stellte eine weit verbreitete Anschauung der Menschen dieser Zeit dar. Von Falk lernte Sisi vieles über die

Literatur und Politik Ungarns, und sie wurde sicherlich in ihrer politischen Haltung stark von ihm beeinflusst.

Im Jänner 1866 trat dann ein weiterer wichtiger Politiker des Landes in den Dunstkreis der Kaiserin: Sie begegnete Gyula/ Julius Andrássy (1823–1890). Dieser Spross einer alten ungarischen Magnatenfamilie hatte 1848 an führender Stelle an der Revolution in Ungarn teilgenommen und war nach deren Niederschlagung zum Tode durch Erhängen verurteilt worden. Er hatte allerdings nach Paris fliehen können und später in London gelebt. Wie viele andere Revolutionäre war er *in effigie* hingerichtet worden, was bedeutet, dass sein Bild symbolisch gehängt wurde. Da er ein sehr attraktiver Mann war, bekam er dadurch den Spitznamen *il beau pendu* (der schöne Gehenkte). 1860 durfte er nach Ungarn zurückkehren und setzte sich nun – im Gegensatz zu seinen Ansichten während der Revolution – für einen Verbleib Ungarns in der Monarchie ein, da er den Panslawismus und ein Erstarken der slawischen Bevölkerung fürchtete. Das führte ihn politisch in die Nähe von Deák, mit dem er eng zusammenarbeitete.

Der in der Damenwelt sehr beliebte Andrássy hatte in Paris die Gräfin Katinka Kendeffy (1830–1896) geheiratet. Diese war eine gefeierte Schönheit, die diesbezüglich mit der ebenfalls sehr anmutigen Kaiserin Eugénie de Montijo (1826–1920) konkurrierte, der Frau Napoléons III., mit deren Aussehen sich auch Sisi bei einem Treffen im August 1867 in Salzburg messen sollte. Dass Andrássy von Elisabeth, die ebenso als Schönheit ihrer Zeit galt, fasziniert war, liegt auf der Hand. Bei der ersten Begegnung der Kaiserin mit dem Grafen begrüßte sie ihn in perfektem Ungarisch und blieb die ganze Zeit bei dieser Sprache – sehr zum Ärger der Hofgesellschaft, die kein Wort verstand. Diese Begegnung scheint fast wie eine Theater- oder Filmszene überhöht. Der ungarische Adelige war mit einer ganzen Delegation, an deren Spitze der Erzbischof von Gran/Esztergom, der Primas von Ungarn, stand, nach Wien gekommen. Andrássy trug die Tracht der ungarischen Magnaten: ein goldbesticktes Gewand mit einem kostbaren, edelsteinbestickten Mantel, Stiefel mit Sporen und ein dekoratives Tigerfell über der Schulter. Sisi war ebenfalls in ungarische Nationaltracht mit einer Diamantenkrone gekleidet. Beim abendlichen *Cercle* führte die Kaiserin Gespräche mit vielen Mitgliedern der ungarischen Delegation, darunter eine lange Unterhaltung mit Andrássy in dessen Landessprache. Sowohl einige Zeitgenossen als auch spätere Biographinnen und Biographen vermuteten, dass die Beziehung der beiden nicht bloß eine politische war. Eindeutige Beweise für eine Liebesbeziehung gibt es nicht und angesichts der strikten Überwachung der Frauen im höfischen Bereich ist eine Affäre, die auch körperliche Dimensionen hatte, unwahrscheinlich. Dass zwischen den beiden eine Art Liebesverhältnis ohne sexuelle Beziehung bestand, wird von vielen Historikerinnen und Historikern jedoch angenommen. Es hatte wohl eher politische als erotische Gründe, dass die Korrespondenz zwischen Andrássy und Elisabeth über Ida Ferenczy lief – wobei dies immer als Argument für eine Affäre der beiden verwendet wurde.

Ende Jänner 1866 unternahm das Kaiserpaar eine fünfwöchige Reise nach Ungarn, bei der Elisabeth sehr präsent und aktiv war, was den mitreisenden Generaladjutanten des Kaisers, Franz Maria Johann Graf Folliot von Crenneville (1815–1888), der zur antiungarischen Hofpartei gehörte, empörte. Elisabeth hielt bei dieser Reise eine Ansprache voll Rührung und starker Emotionalität an die ungarische Reichsdeputation. Der Wiener Hof und allen voran der reaktionäre Erzherzog Albrecht (1817–1895), Feldmarschall und graue Eminenz der Familie, entrüsteten sich über den langen Besuch des Kaiserpaares.

Die Ungarnreise von Franz Joseph und Sisi erfolgte in einer für die Monarchie außenpolitisch sehr angespannten Lage, die bald darauf eskalieren sollte. In dieser Zeit spitzte sich die Frage der deutschen Einigung erstmals zu, denn der preußische Ministerpräsident Otto von Bismarck (1815–1898) suchte, wie er es schon 1862 in einer Rede ausgedrückt hatte, die sogenannte kleindeutsche Lösung herbeizuführen, also die Einigung unter der Führung der Hohenzollern und unter Ausschluss der Habsburger, und sei es «durch Eisen und Blut». Ausgangspunkt war der Konflikt um das Herzogtum Holstein, das nach dem Deutsch-Dänischen Krieg 1864 von Österreich und Preußen gemeinsam verwaltet worden und 1865 schließlich Österreich zugefallen war. Der Streit verschärfte sich im Juni 1866, als preußische Truppen in Holstein einmarschierten. Österreich versuchte den Deutschen Bund zur Intervention zu mobilisieren, doch Preußen sah darin einen Bruch der Bundesverfassung und erklärte im Juni 1866 Österreich den Krieg, der mit dem preußischen Einmarsch in Sachsen begann. Preußen war u. a. mit Italien verbündet; Franz Joseph hatte als Preis für die Neutralität Frankreichs in diesem Konflikt, ohne weitere Zugeständnisse der Franzosen, Venetien an Napoléon III. abgetreten. Der Krieg zwischen der Habsburgermonarchie und Preußen kulminierte am 3. Juli 1866 in der Schlacht von Königgrätz/Hradec Králové in Böhmen, in der die kaiserliche Armee entgegen den Erwartungen einen Monat zuvor eine vernichtende Niederlage erlitten hatte.

Sisi stand in dieser Situation völlig loyal zum Kaiser und zur Monarchie. Sie kümmerte sich in Wien tagelang um die Versorgung der zahlreichen Verwundeten des Krieges, wobei kritische Stimmen auch hier nicht verstummten und anmerkten, dass sie sich mit ungarischen Soldaten stets ausführlicher unterhielt als mit den Verletzten anderer Muttersprachen. Die Kaiserin beschäftigte sich intensiv mit der Kriegslage und ließ sich eingehend durch den Kaiser darüber informieren. Trotz dieser dramatischen Umstände beharrte Elisabeth weiterhin auf ihrem – wie es Franz Joseph in einem seiner Briefe an sie ausdrückte – «ausschließlich ungarischen Standpunkt» und versuchte mit Vehemenz ihre diesbezüglichen Interessen bei ihrem Ehemann durchzusetzen. Als sie im Juli 1866 mit ihren Kindern nach Ofen zog, schien das zwar eine taktisch kluge Entscheidung zu sein, denn die Situation in Ungarn war angespannt und brisant, doch dürfte diese Initiative – obwohl Franz Joseph seine Frau und Kinder natürlich an einem sicheren Ort, entfernt von Wien, wissen wollte – vorwiegend von Elisabeth ausgegangen sein, und von Erzherzogin Sophie wurde dieser Schritt entschieden missbilligt. Bald darauf begannen Verhandlungen zwischen Andrássy, Deák und dem Kaiser, wobei die Fäden bei Sisi zusammenliefen. Sie setzte Franz Joseph nun stark unter Druck und schrieb ihm fast täglich Briefe. Ganz unter dem Einfluss von Andrássy mischte sich die Kaiserin – wahrscheinlich das einzige Mal in ihrem Leben – intensiv in die Politik ihres Ehemanns ein und reiste sogar nach Wien, um selbst Verhandlungen mit dem ehemaligen Revolutionär zu führen. Da der Hof und besonders die führenden Gestalten Erzherzogin Sophie und Erzherzog Albrecht antiungarisch eingestellt waren und Elisabeth energisch für die ungarische Sache eintrat, stand Franz Joseph, der zudem wegen der Niederlagen im Krieg unter Selbstzweifeln litt, wieder einmal in der Familie zwischen den Fronten. Psychologisch betrachtet scheint es, dass Sisi zu dieser Zeit die Führung in der Beziehung übernommen hatte, was sich in den Briefen des Kaisers an seine Frau nicht nur in seinem teilweise resignierenden Ton, sondern auch in unterwürfigen Unterschriften zeigte, in denen es plötzlich hieß: «Dein treues Männchen» oder «Dein Dich ungeheuer liebender Kleiner».

Die Situation in der Monarchie war dramatisch: Schreckliche Verluste in den Schlachten, der noch immer ausständige Friede und die drohende Hungersnot im verwüsteten Böhmen belasteten ebenso wie die gewaltigen finanziellen Aufwendungen und die im Hintergrund beginnende Tragödie in Mexiko, wo Kaiser Maximilian stetig an Macht verlor, die Dynastie und engten den Entscheidungsspielraum der Politik ein. Dass Sisi in dieser auch finanziell angespannten Lage ihren Mann bedrängte, ihr das Schloss Gödöllő in der Nähe von Budapest zu kaufen, zeugt von ihrem Egoismus. Sie hatte das Schloss, das der ehemalige Stammsitz der Fürsten Grassalkovic war, kennengelernt, als sie verwundete Soldaten des Krieges gegen Preußen besucht hatte. Franz Joseph war gegen dieses Ansinnen und schrieb am 9. August 1866 in einem Brief an Elisabeth: «Wenn du willst, kannst du zu den Verletzten nach Gödöllő gehen. Aber bitte nicht mit der inneren Einstellung, dass wir es kaufen wollen, denn ich habe im Moment kein Geld, und in diesen schweren Zeiten müssen wir wirklich streng sparen. Die Preußen haben auch auf unseren Familiengütern schwere Verwüstungen angerichtet, es wird Jahre dauern, das wieder in Ordnung zu bringen.»

Trotz Franz Josephs Bitten weigerte sich Sisi – offensichtlich mit fadenscheinigen Ausreden – Ofen zu verlassen und nach

Wien zurückzukehren. Als sie zum Geburtstag des Kaisers am 18. August kurz nach Schönbrunn kam, blieben die Kinder in Ofen. Um am Fest des hl. Stephan, des ungarischen Landesheiligen, teilzunehmen, befand sie sich am 20. August schon wieder in Ungarn – dabei fällt auf, dass Elisabeth, die ja in Wien häufig der Teilnahme an repräsentativen Veranstaltungen zu entgehen versuchte, in Ungarn öfter bei solchen Gelegenheiten Präsenz zeigte.

Mit dem am 1. Februar 1867 erfolgten Rücktritt des konservativen Ministerpräsidenten Graf Richard Belcredi (1823–1902), eines entschiedenen Gegners des Ausgleichs und direkten Gegenspielers Andrássys, kam es in der Politik der Habsburgermonarchie schließlich zu einem maßgeblichen Wechsel, der den Weg zu einer ungarischen Lösung vorzuzeichnen schien. In den Mittelpunkt trat nun der aus Sachsen stammende Graf Ferdinand von Beust (1809–1886), der nach der Niederlage bei Königgrätz von der sächsischen in die österreichische Politik gewechselt hatte und im Februar 1867 zum Ministerpräsidenten ernannt wurde. Die Berufung Beusts erschien zunächst wie eine Niederlage für Elisabeth und Andrássy, der auf seine eigene Ernennung spekuliert hatte, doch sollte sich bald herausstellen, dass Beust die ungarischen Forderungen nach einem Ausgleich durchaus unterstützte. In all diesen sehr schwierigen, teilweise geheimen Verhandlungen befand sich Sisi gewissermaßen im Zentrum des Geschehens. Ihr Sprachlehrer Falk stand in engem Kontakt zu Eötvös. Er versorgte Elisabeth nicht nur mit «verbotener» Literatur aus Ungarn, sondern auch mit Informationen über die politische Situation, die sie bei Hof nicht bekam. Noch besser war ihr Kontakt zu Andrássy, allerdings konnte eine Korrespondenz mit den maßgeblichen ungarischen Politikern nicht auf direktem Wege erfolgen. Die Briefe Andrássys an Sisi liefen über Ida Ferenczy und die Briefe von Eötvös an die Kaiserin über Falk. Am 17. Februar 1867 wurde Andrássy zum ungarischen Ministerpräsidenten gewählt und bald darauf auch zum Stellvertreter des Palatins. Der letzte Palatin (Stellvertreter des ungarischen Königs) war Erzherzog Stefan Franz Viktor (1817–1867) gewesen, der 1848 zurückgetreten war. Mit der Ernennung An-

drássys wurde auch die alte Verfassung wieder in Kraft gesetzt und am 10. März 1867 übernahm seine Regierung die Verwaltung Ungarns und Siebenbürgens. Nach langen Diskussionen im ungarischen Reichstag wurden die Ausgleichsgesetze schließlich am 29. Mai 1867 mit 257 zu 117 Stimmen beschlossen.
Rechtlich gesehen ist der Ausgleich ein Vertrag zwischen dem ungarischen König und der ungarischen (Adels-)Nation, der eine Personal- und eine Realunion des Königreiches Ungarn mit den anderen Ländern (offiziell «die im Reichsrat vertretenen Königreiche und Länder» oder inoffiziell Cisleithanien, nach dem Grenzfluss zwischen Österreich und Ungarn, der Leitha) vorsah. Franz Joseph war also Kaiser von Österreich und apostolischer König von Ungarn in einer Person. In der inneren Verwaltung wurde das Königreich Ungarn durch den Ausgleich völlig selbstständig, es gab allerdings drei gemeinsame Bereiche im Sinne der Realunion: Die österreichisch-ungarische Doppelmonarchie besaß ein gemeinsames Heer (mit deutscher Befehlssprache), eine gemeinsame Außenpolitik und dafür auch gemeinsame Finanzen.
Für viele der ungarischen Zeitgenossen schien klar, dass Elisabeth, die von den Ungarn «die schöne Vorsehung für das ungarische Vaterland» genannt wurde, bei allen Schritten auf dem Weg zum Ausgleich eine wichtige Rolle gespielt hatte. Auch von den meisten Biographinnen und Biographen wird diese politische Entwicklung fast ausschließlich der Kaiserin zugeschrieben. Moderne und kritische ungarische Historiker wie Andras Gerö zeigen jedoch, dass der Glaube der Magyaren, Sisi sei die Fürsprecherin für Ungarn bei Franz Joseph und damit hauptverantwortlich für den Ausgleich gewesen, in dieser Form nicht haltbar ist, da die Entscheidung für diese Lösung auf mehreren verschiedenen Interessen beruhte und ohne den Willen des Kaisers unmöglich gewesen wäre. Ohne die Bedeutung der Kaiserin in ihrem Einsatz für die Magyaren zu schmälern, muss daher auch die realpolitische Komponente des Ausgleichs gesehen werden.
Nach der Serie von Niederlagen der Monarchie im Krieg gegen Sardinien-Piemont und Preußen war das absolutistische

System der Regierung Franz Josephs nicht mehr haltbar. In zwei Bereichen der Politik mussten Zugeständnisse gemacht werden, nämlich in Form der Gewährung einer Verfassung und der Einbindung zumindest einer Nation in das Herrschaftssystem des multinationalen Staates. Da die Konstitutionalisierung nicht weit genug ging, scheiterten die Verfassungsexperimente der 1860er Jahre. Erst das Versprechen des Kaisers im Reichstag im Mai 1867, die Verfassung in der nicht ungarischen Reichshälfte weiter auszudehnen, führte schließlich im Dezember 1867 zu einer von einem Parlament beschlossenen Verfassung *(Dezemberverfassung)*, die im Wesentlichen bis zum Ende der Monarchie galt.

Weitaus schwieriger war es, die nationale Frage zu lösen. Das hatte sich schon bei den Verfassungsexperimenten gezeigt, die alle letztlich an diesem Thema gescheitert waren. Im Rückblick lässt es sich heute leicht sagen, dass eine weitgehende Föderalisierung der Monarchie, die alle Nationen auch real – auf dem Papier waren sie ja «gleichberechtigt» – vollständig in das politische System integrierte, mehr Chancen auf ein Überleben des Staates geboten hätte. Franz Joseph und der Wiener Hof waren aber der Meinung, dass man so weit nicht gehen dürfe, sondern nur eine einzige Nation privilegieren könne. Zwei gewichtige Argumente – ganz unabhängig von Wirken und Willen der Kaiserin – sprachen für die Ungarn. Im Gegensatz zu allen anderen Nationen waren die Magyaren in den Augen der Habsburger stets aufmüpfig und gefährlich. Da die gesamte Geschichte der ungarisch-habsburgischen Beziehungen seit 1526 durchzogen war von Kämpfen des Adels gegen die Dynastie, fürchtete man die Ungarn mehr als die anderen Nationen und man versuchte sie zu befriedigen und damit auch zu befrieden. Andererseits stellten die slawischen Nationen der Monarchie (Ruthenen oder Ukrainer, Polen, Tschechen, Slowaken, Slowenen, Kroaten und Serben) keine einheitliche Gruppe dar, und es konnte schwer nur eine ohne die anderen dieser nationalen Gruppen einbezogen werden, zumal im Hintergrund der von Russland geförderte Panslawismus drohte. Man könnte also – desillusionierend für alle Verehrer Elisabeths – sagen, dass vermutlich auch ohne sie als Alternativen nur der Ausgleich mit Ungarn oder ein Aufstand der Magyaren in Frage kamen. Sicher ist jedoch, dass Sisis Einfluss auf ihren Ehemann diesen Prozess erleichtert und vielleicht auch entschärft hat.

Krönung in Budapest

Die Zustimmung zum Ausgleich hatte die Grundlage für die Krönung Franz Josephs und Elisabeths mit der heiligen Stephanskrone geschaffen, der in Ungarn eine besondere Bedeutung zukam. Am 8. Juni 1867 erfolgte in Budapest mit unbeschreiblichem Prunk die Zeremonie, die traditionell an die alte ungarische Krönungsordnung anschloss und in der Budapester Matthiaskirche zu den Klängen der Krönungsmesse von Franz/Ferencz Liszt (1811–1886) stattfand. Die Messe wurde vom Primas von Ungarn zelebriert, und als stellvertretender Palatin setzte Andrássy Franz Joseph die Krone aufs Haupt und Elisabeth nach altem Brauch auf die linke Schulter. Dass Sisi gleichzeitig mit ihrem Mann und nicht, wie üblich, einige Tage später gekrönt wurde, kann sicherlich als demonstrativer Dank der Ungarn für ihren politischen Einsatz angesehen werden. Auf einer Tribüne vor der Pester Pfarrkirche überreichte der ehemalige Revolutionär anschließend Franz Joseph den Text des Eides in ungarischer Sprache, den dieser dem Primas nachsprach. Nach der Eidesleistung erfolgte der Krönungsritt in der Nähe der Kettenbrücke. Die ganze Feierlichkeit, bei der in einem dritten zeremoniellen Akt in der ehemaligen Franziskaner-, damaligen Garnisonskirche, die Weihe der Ritter vom Goldenen Sporn stattfand, war mit ungeheurer Pracht verbunden. Die Komitatsbanderien (berittene Abgeordnete der Komitate) in phantasievollen Kleidern, der Adel und der Hofstaat im Festschmuck boten ein überaus farbenprächtiges Bild – noch einmal erstrahlte die Monarchie in ihrem vollen Glanz.

Diese Krönung war für viele Beobachter jedoch zugleich eine sehr eigenartige Situation, und der Schweizer Gesandte merkte an, dass es «einen höchst eigentümlichen Eindruck» machte «zu sehen, wie der Mann, dessen Todesurteil Kaiser Franz Joseph

1849 unterschrieben hatte und dessen Name in Pest an den Galgen geheftet wurde, jetzt nach achtzehn Jahren die Krone auf das Haupt des Monarchen setzte, dessen höchstes Vertrauen er heute genießt». Bissiger äußerte sich Crenneville in seinen Aufzeichnungen: «Andrássy verdient den Galgen mehr als 1849.»

Anlässlich der Krönungsfeierlichkeiten erfolgten als Versöhnungsgeschenke zwei Gnadenakte des Kaisers für die Ungarn: Franz Joseph erließ eine Amnestie für alle politischen Vergehen seit 1848 und er widmete das traditionelle ungarische Krönungsgeschenk – 100 000 Gulden – den Witwen, Waisen und Invaliden der nationalungarischen revolutionären Honvédarmee. Die ungarische Adelsnation, vertreten durch Andrássy, schenkte ihrerseits dem Königspaar das Schloss von Gödöllő, dessen Ankauf Franz Joseph seiner Frau einige Zeit davor verweigert hatte – eine wohl etwas peinliche Situation für den Kaiser. Dieses Schloss, das 25 km von Budapest entfernt liegt und aus 136 Räumen bestand, von denen mehr als ein Drittel Personalräume waren, wurde für die nächsten Jahre der Lebensmittelpunkt Sisis, wo sie als «Landesmutter Ungarns» eine glückliche Phase erlebte. Ihre in ihrer Lieblingsfarbe veilchenblau gestaltete Suite besaß einen Salon, ein Schreibzimmer, ein Arbeitszimmer, ein Schlafzimmer, ein Ankleidezimmer sowie ein Vorlesezimmer und grenzte direkt an die Räume ihrer Hofdame Ida Ferenczy. Dieses großzügige Geschenk der Ungarn sollte jedoch enorme Kosten für Elisabeths Reisen nach Ungarn und ihre dortigen Aufenthalte verursachen, die sämtlich der Wiener Hof zu tragen hatte.

Liebe zu Ungarn und politische Abstinenz

Auch Elisabeth machte sich selbst, ihrem Ehemann und Ungarn ein Geschenk, denn sie beschloss, noch einmal Mutter zu werden. Das «ungarische Kind» oder «Ausgleichs-Kind» kam am 22. April 1868 in Budapest zur Welt und wurde Marie Valerie getauft. Gerüchte, dass eigentlich Andrássy der Vater sei, hielten sich hartnäckig, gelten in der Forschung aber eher als widerlegt.

Interessant ist die Tatsache, dass Sisis Rolle beim österreichisch-ungarischen Ausgleich offenbar ihr einzig aktives politisches Agieren geblieben ist; die Kaiserin nutzte die starke Position beim Kaiser und ihren politischen Einfluss auf ihn in der Folgezeit nicht aus. Bei der Beurteilung der Frage, ob Elisabeth nach 1867 wirklich politisch abstinent war, stellt sich jedoch das Problem, dass nach 1869 der Briefwechsel des Kaiserpaars fehlt, er setzt erst nach 1891 wieder ein. Es könnte sich also auch um einen blinden Fleck in der Überlieferung handeln, zumal gerade in den wenigen Monaten der 1860er Jahre, aus denen sich die Korrespondenz erhalten hat, eine relativ intensive Beschäftigung der Kaiserin mit der Politik festzustellen ist. Andere vorhandene Briefwechsel Elisabeths, wie etwa der mit Graf Grünne in der Zeit auf Madeira, sowie ihre späteren Gedichte lassen ebenso darauf schließen, dass die Kaiserin politisch interessiert und gut über die Ereignisse informiert war. Der Eingriff in die Erziehung ihres Sohnes Rudolf kann ebenfalls als indirektes politisches Agieren Sisis gesehen werden, denn mit ihrer Wahl seiner Erzieher, die nicht Franz Josephs Werte wie Gottesgnadentum und Absolutismus vertraten, sondern sich für Liberalismus, Antiklerikalismus und einen Verfassungsstaat aussprachen, beeinflusste sie die politische Richtung des Thronfolgers nachhaltig in ihrem Sinne. Wenngleich sie sich öffentlich einmal ganz klar positionierte, indem sie sich 1871 bei Einführung der neuen Regierung auf die Seite der Liberalen stellte, spricht doch einiges für ihren Rückzug aus der aktiven Politik in den kommenden Jahren. So setzte sich Elisabeth bei der Entlassung Andrássys 1879 trotz einiger Versuche nicht wirklich energisch für den Ungarn ein, und einer Aussage des Kronprinzen Rudolf zufolge besprach sie in den 1870er Jahren kaum noch politische Fragen mit Franz Joseph.

Für Sisi hätten die Chancen, mehr politischen Einfluss auszuüben, in jener Zeit allerdings gut gestanden, denn einerseits hatte sie aufgrund ihrer Mitwirkung am Ausgleich eine starke Position, andererseits starb 1872 Erzherzogin Sophie, die großen Einfluss im Sinne der katholisch-konservativen Hofpartei auf den Kaiser ausgeübt hatte. Die Kaiserin übernahm jedoch die zentrale Rolle am Schauplatz der Macht nicht, sondern mied zunehmend den Hof und kam nur noch gelegentlich Repräsentationspflichten und karitativen Tätigkeiten nach.

Die Liebe zu Ungarn allerdings blieb. Elisabeth umgab sich mit ungarischen Frauen – 1870 wurde Marie Festetics zur Hofdame ernannt – und bestellte, nicht zur Freude der Wiener höfischen Gesellschaft, in der Ischler Pfarrkirche eine Messe zum Stephanstag. Sie hielt weiterhin Kontakt mit Deák, Andrássy, Falk und Eötvös und weinte 1876 an der Bahre des toten Deák, dessen Bild über ihrem Bett in der Hofburg hing. Insgesamt sollte Sisi 2663 Tage, also über sieben Jahre ihres Lebens, in Ungarn verbringen, die meiste Zeit davon in der königlichen Burg Ofen und im Schloss Gödöllő. Gleichermaßen hatte die Liebe und Begeisterung der Magyaren für Elisabeth lange Nachwirkungen, sie war in diesem Lande viel beliebter als im übrigen Gebiet der Monarchie. Ihr tragischer Tod 1898 animierte ihren ehemaligen Lehrer und Vertrauten Max Falk zu einem pathetischen Artikel im *Pester Lloyd*, der vieles von dieser glühenden Verehrung enthält: «Eine entsetzliche Nachricht kam aus der Schweiz, und wer sie vernimmt, dem stockt das Blut in den Adern, krampft das Herz sich in unendlichem Weh zusammen: Königin Elisabeth ist ermordet worden...»

Als Elisabeth in der Kapuzinergruft in Wien begraben wurde, beharrten die Ungarn darauf, dass neben dem Titel Kaiserin von Österreich auch der Titel Königin von Ungarn auf dem Sarkophag stehen sollte, und auch heute noch findet man auf diesem Grabmal immer Kränze und Blumen in rot-weiß-grün, den ungarischen Landesfarben, die von Verehrerinnen und Verehrern der ehemaligen ungarischen Königin niedergelegt werden.

Schönheit und ihre Schattenseiten

Schönheitskult

Bei ihrem Engagement für die Ungarn hatte Elisabeth im Umgang mit den ungarischen Magnaten sicherlich geholfen, dass sie in diesen Jahren als eine der schönsten Frauen ihrer Zeit galt – natürlich war sie durch ihre elitäre soziale Position hervorgehoben und konnte so überhaupt wahrgenommen werden –, und sie pflegte diesen Ruf selbst sehr intensiv. Ihre Ausstrahlung war allerdings erst langsam gewachsen, denn als Kind schien sie eher derb, noch knapp vor der Begegnung mit Franz Joseph in Ischl galt sie als unattraktiv und kaum entwickelt. Genetisch bedingt war hingegen einerseits ihre – für eine Frau damals erstaunliche – Körpergröße von 1,72 m und andererseits eine familiäre Veranlagung, schlank zu bleiben, die auch ihre Schwestern bis auf die im Alter molliger werdende Helene zeigten.

Erst nach der Geburt ihrer ersten drei Kinder wurde Sisi als Schönheit erkannt. Wenig später, nach ihren Aufenthalten in Madeira und Korfu, stand sie dank ihres neu gewonnenen Selbstbewusstseins auf dem Höhepunkt ihrer Wirkung, die deutlich aus den Porträts von Franz Xaver Winterhalter (1805–1873) aus dem Jahr 1865 spricht, welche den Mythos der ewig jungen und schönen Kaiserin begründet haben. Erste Feststellungen zur Schönheit der Kaiserin kamen von Menschen aus dem Volke, die nichts mit dem Hof zu tun hatten, und von Diplomaten. So schrieb der amerikanische Gesandte in Wien 1864: «Die Kaiserin ist (...) ein Wunder der Schönheit – hoch und schlank, wunderschön geformt, mit einer Fülle von hellbraunem Haar, einer niederen griechischen Stirn, sanften Augen, sehr rothen Lippen mit süßem Lächeln, einer leisen, wohlklingenden Stimme und theils schüchternem, theils sehr graziösem Benehmen.» Auch Kronprinzessin Victoria, Prinzessin von Großbritannien und Irland (1840–1901), meinte: «Die Kaiserin ist pikanter als alle Damen, die ich jemals gesehen habe», und selbst der nüchterne preußische Feldherr Helmuth von Moltke (1800–1891) äußerte sich ungewohnt enthusiastisch über sie. Die Biographinnen der Kaiserin sind sich darüber einig, dass es ihre Ausstrahlung war, die sie zu «einer überragenden Schönheitskönigin machte». Sisi besaß ein ausgeprägtes ästhetisches Empfinden, sie umgab sich gerne mit schönen Menschen, was auch bei der Wahl der Hofdamen eine Rolle spielte. Bei ihrem Aufenthalt in Venedig 1862 hatte die Kaiserin mit dem Sammeln von Bildern zahlreicher Schönheiten begonnen, wobei sie wohl von ihrem Onkel König Ludwig I. von Bayern inspiriert wurde, der über eine Schönheitsgalerie verfügte, in deren Mittelpunkt Lola Montez stand. Elisabeth sammelte nicht nur Fotos von Familienmitgliedern und Aristokraten, ebenso erweckten Schauspieler und Clowns ihr Interesse. Die Kaiserin bat für ihr Album auch die österreichischen Botschafter um Porträtfotos von Menschen aus zahlreichen europäischen Städten. In Paris verstand Pauline Metternich (1836–1921), die Ehefrau des Botschafters Richard Klemens Fürst von Metternich-Winneburg (1829–1895) sowie Intimfeindin der Kaiserin, den Auftrag offensichtlich bewusst falsch und schickte Fotos der *Demimonde*, die Sisi indes Vergnügen bereiteten, da sie nicht dem klassischen Schönheitsideal entsprachen. Die andere Seite dieser Leidenschaft für das Schöne war ihre Vorliebe für «Skurrilitäten», die in der höfischen Welt und auch bei den Habsburgern eine lange Tradition hatten. Man ‹hielt› sich Menschen mit Behinderungen, Kleinwüchsige oder Riesen, sowie Menschen aus anderen Kulturen, z. B. Schwarzafrikaner, bei Hof. Elisabeth zeigte Interesse an allen ausgefallenen und exotischen Wesen wie großen Hunden oder Papageien, mit denen sie sich schon früh umgab. Als ihre Wünsche nach einem Königstiger samt Jungen vom Kaiser nicht erfüllt wurden, kaufte sie in den 1870er Jahren einen Makako-Affen als Spielgefährten für Marie Valerie, der später aber wegen seines unanständigen Benehmens in den Tierpark von Schönbrunn abgeschoben wurde. Bald folgte als neue Sensation Rudolph Rustimo, ein kleinwüchsiger, verkrüppelter Schwarzer aus dem Sudan, den ein orientalischer Potentat der Kaiserin schenkte und der zum ständigen Begleiter der jüngsten Tochter wurde. Als zusätzliche Provokation ließ Elisabeth die beiden sogar zusammen fotografieren. Rustimo wurde, da er Heide war, getauft – kurioserweise auf den Namen des Kronprinzen – und in der Sommerfrische in Feldafing sogar in die Dorfschule geschickt. Er blieb viele Jahre am Wiener Hof, bis man ihn 1890 pensionierte und 1891 in die Versorgungsanstalt nach Ybbs abschob, wo er 1892 verstarb.

Wie bei den unterschiedlichen Schönheitstypen ihres Albums legte Elisabeth auch bei ihrem eigenen Aussehen Wert auf Individualität und Natürlichkeit. Sie zeigte wenig Vorliebe für zeitgenössische Modetrends, Schminke und Parfüms. Ein strenges Zeremoniell des Schönheitskults beeinflusste ihren Tagesablauf wesentlich. Besonders für die tägliche Pflege ihres sehr dichten und kräftigen kastanienbraunen Haares, das im Laufe der Jahre fersenlang geworden war, brachte die Kaiserin viel Zeit auf. Seit 1863 war dafür eine ehemalige Theaterfriseurin für das Gehalt eines Universitätsprofessors engagiert, deren phantasievolle Kreationen der Kaiserin bei den Schauspielerinnen des Burgtheaters aufgefallen waren. Franziska oder Fanny Angerer, später verheiratete Feifalik (1842–1911), kreierte Elisabeths komplizierte «Steckbrieffrisuren», die von vielen nachgeahmt wurden, und auch ihre «Sternenfrisur», in der das eingeflochtene Diadem der Kaiserin besonders zur Wirkung kam. Da Sisi beim Bürsten und Kämmen wegen zu vieler ausgegangener Haare, die sie sich auf einer silbernen Schüssel zum Anblick bringen ließ, nicht selten Tobsuchtsanfälle bekam, musste die Friseurin im Umgang mit der Kaiserin sehr geschickt und einfühlsam sein, und sie hatte im Inneren ihres Rockes einen Klebstreifen befestigt, mit dessen Hilfe sie ausgefallene Haare verstecken konnte. Die Zeit des Frisierens nutzte Elisabeth für das Verfassen von Briefen und zum Sprachstudium oder ließ sich dabei aus Werken ihrer bevorzugten Autoren vorlesen. Das Waschen der Haare war eine komplizierte Prozedur, die nur alle zwei bis drei Wochen mit Essenzen aus verschiedenen Bestandteilen, vor allem Cognac und Ei, erfolgte, denn das nasse Haar musste zum Trocknen ausgelegt werden, da sonst einerseits der Trocknungsprozess zu lange gedauert und andererseits das schwere nasse Haar Kopfweh verursacht hätte. Eine weitere Aufgabe Fanny Feifaliks, die täglich 24 Stunden zur Verfügung stand, war es, Elisabeth auf Reisen zu doubeln, damit diese inkognito bleiben konnte.

Im Gegensatz zu ihrem von Natur aus prachtvollen Haar waren Elisabeths Zähne wohl eine Schwachstelle des Körpers, obwohl auch hierzu unterschiedliche Meinungen – wie in vielen, teils unwesentlichen Detailfragen – vorliegen, die aus widersprüchlichen Aussagen von Zeitgenossen abgeleitet sind. Elisabeths Zähne hatten einen Gelbton, und schon während der Verlobungszeit forderte ihre Schwiegermutter Erzherzogin Sophie sie zu häufigerem Zähneputzen auf. Die Tatsache, dass sie beim Sprechen den Mund kaum öffnete und im Alter stets einen Fächer vor das Gesicht hielt bzw. einen Schleier trug, wird oft auf das Verstecken der hässlichen Zähne zurückgeführt. Ob sie im Laufe der Jahre Teilprothesen, Kronen oder sogar ein falsches Gebiss bekommen hat, wie die Schauspielerin Rosa Albach-Retty (1874–1980) berichtet, oder – wie der Obduktionsbefund sagt und manchmal auch aus der Korrespondenz mit ihrem Zahnarzt abgeleitet wird – bis zum Tod ein gutes Gebiss hatte, ist nicht mit Sicherheit feststellbar.

Da Elisabeth auf einen natürlichen Teint großen Wert legte, wurde ihre Haut mit verschiedenen Pflegemitteln, deren Zutaten wir aus den Rezeptbüchern der Hofapotheken in Wien und Laxenburg kennen, behandelt. Dabei fanden u. a. verschiedene Öle, Kakaobutter, Bienenwachs, Rosenwasser sowie unterschiedliche Blüten Verwendung, die oft direkt in Sisis Appartement von einer Kammerfrau zu Cremen, Lotionen und Waschwassern verarbeitet wurden. Im Frühling ließ sie sich Erdbeermasken auflegen, in der Nacht kam üblicherweise rohes Kalbfleisch auf die Haut, was bei anderen Frauen der Oberschicht ebenso verbreitet war. Die Kaiserin griff außerdem auf Tinkturen der umstrittenen und mit dem Gesetz in Konflikt geratenen bayrischen «Wunderheilerin» und «Doktorbäuerin» Amalie Hohenester (1827–1878) zurück, die sie zur Behandlung ihrer körperlichen Leiden sogar nach Wien kommen ließ.

Zur täglichen Körperpflege bevorzugte Elisabeth Dampf-, Olivenöl- und kalte Bäder, die im Wechsel stattfanden. Viele neuere Publikationen handeln ausführlich über Elisabeths «Geheimrezepte».

Schlankheitswahn?

Besonders wichtig war der Kaiserin ihr Gewicht, das sie täglich mehrfach genau kontrollierte, über das sie Aufzeichnungen führte und durch entsprechende Diäten niedrig hielt. Zeit ihres Lebens wog sie im Schnitt etwa 50 kg, manchmal einige Kilo weniger, wobei sicher ihre Veranlagung zum Schlanksein eine wesentliche Rolle spielte. Das immer wieder erwähnte Taillenmaß der Kaiserin, das unter 50 cm betrug, war aber nicht so sehr auf das geringe Gewicht zurückzuführen, sondern stellte eine – bei den meisten Frauen der sozialen Oberschicht in dieser Zeit mehr oder minder stark ausgeprägte – Deformation des Körpers durch das Schnüren im Korsett von Jugend an dar. Dadurch wurden die Rippen verbogen, was solche Taillenmaße überhaupt erst ermöglichte, aber auch zu Atemnot und anderen Beschwerden führen konnte. Umso erstaunlicher sind vor diesem Hintergrund Elisabeths sportliche Leistungen beim Reiten, Turnen und bei Gewaltmärschen.

Zur zusätzlichen Betonung ihrer schlanken Taille ließ sie sich häufig in Kleider einnähen, ein mehrere Stunden dauernder Prozess, den sie vielleicht von der britischen Kurtisane und Modetrendsetterin Catherine Walters, genannt «Skittles» (1839–1920), übernommen hatte, die in eng anliegenden Dressen im Hyde Park ausritt und an Parforcejagden gemeinsam mit der Kaiserin teilnahm. Die langwierigen Ankleideprozeduren, die Auftritte «im Geschirr» – wie sie unbequeme, repräsentative Kleidung nannte – erforderten, waren ihr jedoch ebenso wie die damit verbundenen Pflichten verhasst.

Bei zeitgenössischen Gerüchten um Sisis Schlankheitswahn muss man berücksichtigen, dass das Schönheitsideal der damaligen Zeit eher einen molligen Frauentypus bevorzugte, und auch über das Essverhalten der Kaiserin gibt es sehr unterschiedliche Ansichten. Manche Quellen berichten davon, dass sie wenig aß und zusätzlich spezielle Diäten mit Orangen, Milch oder Eiern einschob. Andererseits erzählen mehrere Zeitzeugen davon, dass Elisabeth oft sehr guten Appetit hatte, was auch Speisepläne belegen. In der Literatur führte das häufig zu der Diskussion, ob die Kaiserin an Magersucht *(Anorexia nervosa)* oder gar unter Essbrechsucht *(Bulimia nervosa)* gelitten habe. Neuere Biographien schreiben ihr Orthorexie *(Orthorexia nervosa)* zu, eine 1997 definierte Essstörung, bei der sich die Betroffenen möglichst gesund ernähren wollen. Die Vermutung, dass Elisabeths Beziehung zum Essen stark stimmungsabhängig war, liegt jedenfalls nahe – auch aufgrund von Aussagen ihrer späteren Hofdame Irma Sztáray, die von einer launenhaften Ernährungsweise sprach. In schwer depressiven Phasen, in denen sie keine ausreichende Nahrung zu sich nahm, zugleich aber körperlich sehr aktiv war, zeigte sie aus heutiger medizinischer Sicht die Tendenz zu Magersucht. Fastenkuren, kombiniert mit exzessiver sportlicher Betätigung, führten zu gesundheitlichen Schädigungen, etwa Hungerödemen, die mit Medikamenten ausgeglichen werden sollten, wie Rezepturen der Hof- und Reiseapotheke zeigen; auch wurden die «melancholischen Verstimmungen» u. a. mit Kokain behandelt. In den 1890er Jahren konstatierte man bei Elisabeth zudem eine Herzschwäche.

Die Kaiserin verfolgte bei der Nahrungsaufnahme zeitlebens einen eigenen Zeitplan außerhalb der gängigen Essenszeiten, weshalb sie bei Familiendiners kaum etwas aß, was die Fama ständigen Hungerns und eines exzessiven Schlankheitswahns nährte, die aber sicher nicht zutraf. Speisepläne zeigen, dass Elisabeth oft ein reichhaltiges Frühstück konsumierte, außerdem nahm sie ein Mittagessen, manchmal auch eine Jause und dann die letzte, kleine Mahlzeit vor sechs Uhr abends zu sich. Energie bezog sie aus Kraftsuppen, etwa aus der traditionellen, seit dem 16. Jahrhundert gebräuchlichen kastilischen *Ollapotrida*, einer Suppe, in der vielerlei Gemüse und alle verfügbaren Fleischsorten wie Rind, Lamm, Geflügel und Wild zusammen tagelang gekocht wurden. Wie ihre Nichte Marie Larisch schildert, nahm

Sisi diese Suppe vor Parforcejagden mit zwei Glas Wein zu sich. Eine spezielle Vorliebe besaß die Kaiserin für Gefrorenes, besonders für Veilcheneis, sowie Süßigkeiten und Mehlspeisen, die u. a. von den Hofkonditoreien Demel und Sacher in Wien sowie von Gerbeaud in Budapest geliefert wurden, und es gibt Hinweise, dass sie gerne süßen Wein trank.

Da viele der Ärzte, die Elisabeth konsultiert hatte, nicht den inneren Zusammenhang ihrer physischen Leiden mit ihrer psychischen Labilität erkannt hatten, war sie den Verschreibungen der Ärzte gegenüber misstrauisch geworden. Deshalb wandte sie sich auch natürlichen Heilmethoden, diversen Kuren und Diäten zu, die gerade en vogue waren und die ihre Ernährung wesentlich beeinflussten – ein Thema, das sie später mit der Schauspielerin des Hofburgtheaters Katharina Schratt (1853–1940) teilte, die seit den späten 1880er Jahren in stetigem Kontakt zu Franz Joseph stand. So konsumierte Sisi den Saft von ausgepresstem rohem Ochsenfleisch wohl nicht nur, um schlank zu bleiben, sondern auch als Mittel gegen ihre Anämie, wurde doch das Trinken von Blut oder Fleischsaft zur Bekämpfung von Blutarmut aber auch Nervenleiden empfohlen. Im 19. Jahrhundert waren medizinische Kuranwendungen von Milch sehr modern, die man statt Heilwasser gegen alle möglichen Beschwerden wie Lungenleiden, Gicht, Magen- und Darmbeschwerden, aber auch bei Reizbarkeiten des Nervensystems trank. Etliche Kurorte nahmen Milch einschließlich der dazugehörigen Viehhaltung in ihr Kurprogramm auf. Die Kaiserin folgte diesem Trend, sie hielt eigene Schafe und Ziegen, die sie sogar auf ihren Reisen begleiteten. Für ihre Kühe verschiedener Rassen, die aus den unterschiedlichsten Ländern stammten und deren Milch sie angeblich genau voneinander unterscheiden konnte, wurde in den 1890er Jahren das ehemalige Jägerhaus im Garten von Schönbrunn als Kammermeierei adaptiert. Bei Elisabeths Wanderungen in späteren Jahren hatte sie immer ein Milchtrinkglas bei sich.

Körperliches Training

Die Kaiserin besaß einen starken Bewegungsdrang, der im Laufe ihres Lebens mit unterschiedlichen körperlichen Betätigungen befriedigt wurde. Schon sehr früh in den 1860er Jahren hatte Sisi mit dem Turnen begonnen, das sie mit der Leidenschaft für Pferde verbinden konnte, denn sie übte sich ebenso im Voltigieren, dem mit akrobatischen Übungen kombinierten Turnen auf einem im Kreis galoppierenden Pferd. In allen Residenzen der Kaiserin wurden Turnzimmer eingerichtet, die Ringe, Matten, Sprossenwände, Hanteln, ein Reck und ein Sprungseil enthielten. Neben dem Reiten zählten Schwimmen und Fechten, das sie bei einem berühmten Heidelberger Universitätsfechttrainer perfektionierte, zu ihren bevorzugten Sportarten. Elisabeth unternahm außerdem gerne lange Spaziergänge und Wanderungen, die nach Aufgabe des Reitens zu Beginn der 1880er Jahre zunehmend zu stundenlangen Gewaltmärschen bei Wind und Wetter ausarten sollten, bei denen die Kaiserin sich weder stärkte noch rastete und auch auf ihre ständig anwesende Entourage wenig Rücksicht nahm.

Doch nicht nur in späterer Zeit, als Sisis Diäten und ihr Bewegungsdrang immer extremer werden sollten, sondern schon in den früheren Lebensjahren waren ihre Ernährung und ihre gewaltigen sportlichen Anstrengungen weniger gesund, als sie es wohl beabsichtigt hatte. Die Kaiserin musste wegen körperlicher Leiden, wie etwa rheumatischer Beschwerden und Ischias, immer wieder Kuraufenthalte einschieben, die sie – zumeist unter dem Pseudonym Gräfin von Hohenembs – in die bedeutendsten Badeorte des Kontinents führten.

Elisabeths Körperlichkeit wurde einerseits von ihr selbst thematisiert, so machte sie etwa – unerhört für das 19. Jahrhundert – aus ihrer Menstruation, die sie häufig auch als Ausrede verwendete, um einem verhassten Repräsentationsanlass zu entgehen, kein Geheimnis. Andererseits wurde in der Literatur versucht, mit phantasievollen Interpretationen aus Sisis Verhältnis zu ihrem Körper und ihren Schriftstücken auf die Sexualität der Kaiserin zu schließen, etwa mit dem Ergebnis, dass ihr Bedürfnis nach körperlicher Ekstase «nicht ausschließlich auf den Mann konzentriert, sondern auf den Rücken der Pferde gelegt» wurde.

Eine oft hervorgehobene sensationelle Besonderheit, die allerdings in jener Zeit nicht so selten war, wie manche Biographinnen und Biographen annehmen, war der auf ihre Schulter tätowierte Anker, den sie sich laut Aussage ihrer Tochter Marie Valerie im Dezember 1888 stechen ließ. Schon im 18. Jahrhundert hatte man in Europa die archaische Form der Tätowierung wiederentdeckt, die dann im 19. Jahrhundert durch Reisen in die Südsee, begleitet vom Mythos des Paradiesischen, neue Impulse bekam. Auch andere Angehörige der habsburgischen Familie, wie Kronprinz Rudolf oder Erzherzog Otto (1865–1906), ein Neffe von Franz Joseph, waren tätowiert.

Elisabeths intensive Beschäftigung mit ihrem Körper, die – glaubt man den Aussagen von Marie Larisch – nicht nur ihren Sinn für Ästhetik befriedigte, sondern auch stark narzisstische Züge trug, zeigte lange währenden Erfolg, noch bis in die 1880er Jahre sollte sie als große Schönheit gelten. Die Kaiserin hasste jedoch Gaffer, die sie z. B. in der Oper mit Operngläsern bewunderten. Über diese schrieb sie in einem Gedicht:

«Es tritt die Galle mir fast aus,
Wenn sie mich so fixieren;
Ich kröch' gern in ein Schneckenhaus
Und könnt vor Wut krepieren.» (Hamann, Das poetische Tagebuch,[*] 238)

Sisi hielt zu Lebzeiten den Mythos ihrer zeitlosen Schönheit aufrecht. So ließ sie sich nach ihrem 32. Lebensjahr (also nach 1868) nicht mehr fotografieren. Alle späteren Bilder sind Montagen, bei denen man auf alte Fotos wie die Porträtserien von Ludwig Angerer (1827–1879) oder Emil Rabending (1823–1886) zurückgriff. Überhaupt sind Aufnahmen des Hofes aus dieser Zeit mit Vorsicht und Skepsis zu betrachten, denn sie sind voll von Retuschen. Bilder des Kaisers mit Frau und Kin-

---

[*] im Weiteren zitiert als: Hamann

dern wurden aus Einzelporträts montiert oder waren gar Fotos von Tuschmalereien. Das führte manchmal zu grotesken Effekten, etwa wenn Elisabeth auf Lithographien jünger als ihre Schwiegertochter Stephanie (1864–1945) wirkt. In Einzelfällen gibt es aus späteren Jahren noch authentische Bilder der Kaiserin; allerdings zeigen diese sie entweder mit einem Fächer vor dem Gesicht, oder sie sind aus so großer Ferne aufgenommen, dass ihr Aussehen nicht rekonstruiert werden und sich somit die Legende der «ewigen Schönheit» bewahren konnte. Zu diesem Mythos trug die häufige und insbesondere seit dem Ausgleich mit Ungarn 1867 zunehmende Abwesenheit der Kaiserin bei.

Auf der Suche nach sich selbst

Seit dem persönlichen Befreiungsschlag im Jahre 1865 war Elisabeths gespanntes Verhältnis zum Hof nicht besser geworden, und ihr Engagement für Ungarn hatte ihr dort keine zusätzlichen Sympathien eingebracht. Hatte sie jedoch früher unter der Ablehnung durch die Wiener Aristokratie noch gelitten, so provozierte sie diese nun häufig mit arrogantem Schweigen, mokantem Lächeln und bissigen Scherzen. Repräsentative Pflichten und karitative Aufgaben nahm die Kaiserin, wohl auch aufgrund ihrer zunehmenden Menschenscheu und Furcht vor großen Massen, in den folgenden Jahren nur noch wenige wahr, wodurch sie allmählich die Gunst des Volkes verlor, welches das pompöse Spektakel ihrer öffentlichen Auftritte vermisste. Was sie mit ihrem Ultimatum an Franz Joseph 1865 schon angekündigt hatte, setzte Sisi nach ihrem Einsatz für die Ungarn noch intensiver durch. Sie lebte in der Folge immer mehr ein Leben als Privatperson und ging zu einem überwiegenden Teil ihren persönlichen Interessen nach, die immer weniger mit denen ihres Ehemanns gemein hatten.

Elisabeth, ihre Kinder und ihre bayrischen Verwandten

Nach der Krönung verbrachte Elisabeth in den späten 1860er und den 1870er Jahren viel Zeit auf Schloss Gödöllő, wo sie sich fern vom Wiener Hof, ohne störenden Einfluss, ihrer neu definierten Mutterrolle und ihrer Tochter Marie Valerie widmen konnte. Der Umgang mit dieser Tochter gestaltete sich ganz anders als ihr Verhältnis zu den ersten drei Kindern. Sisi kümmerte sich intensiv um die Kleine, war völlig auf sie fixiert und reagierte auf jede ihrer noch so kleinen Unpässlichkeiten fast hysterisch, sodass der Wiener Hof ihr Lieblingskind bald als «die Einzige» bezeichnete. Selbst Elisabeth sehr nahestehende Menschen, wie die Hofdame Marie Festetics, machten sich Sorgen über ihre exaltierte Mutterliebe, die aus psychologischer Sicht wohl als Kompensation dafür gesehen werden kann, dass sie für ihre älteren Kinder zu wenig präsent gewesen war. Während bei Gisela und Rudolf die Auswahl der Kinderfrauen und ersten Lehrer von Erzherzogin Sophie bestimmt worden war, suchte die Kaiserin nun das gesamte Personal für ihre kleine Tochter persönlich aus. Marie Valeries Erziehung sowie Hofhaltung wurden stark auf Ungarn ausgerichtet, und man sprach vorwiegend Ungarisch mit ihr, was sich allerdings langfristig als kontraproduktiv erwies und später bei ihr zu einer Abneigung gegen diese Sprache führen sollte. Die Erzherzogin begleitete ihre Mutter in jungen Jahren auf fast allen Reisen und war auch häufig mit ihr in Bayern, wo sie eine enge Beziehung zu ihrer Cousine Amelie, der ältesten Tochter von Sisis Bruder Carl Theodor, unterhielt.

Ein idyllisches Familienleben gab es jedoch kaum. Die Kaiserfamilie war selten vollständig vereint, und das Kaiserpaar traf sich zunehmend nur mehr bei besonderen Gelegenheiten. Im Gegensatz zu Marie Valerie sahen die beiden älteren Geschwister, die Zeit ihres Lebens ein sehr enges Verhältnis zueinander hatten, ihre Mutter nur sporadisch. Zu Gisela, die ein recht robustes Kind war, schien Elisabeth – allerdings gibt es hierüber kaum Quellen – nie eine innige Beziehung aufgebaut zu haben. Begründet wird das oft nicht nur mit der Einmischung Erzherzogin Sophies in Giselas frühe Erziehung, sondern auch damit, dass Elisabeth ihre Tochter vielleicht indirekt für den Tod der kleinen Sophie verantwortlich machte, da sie diese mit der letztlich letalen Krankheit angesteckt hatte. Eine weitere Erklärung sieht man im Charakter Giselas, die mit ihrem nüchternen Wesen mehr nach dem Vater geriet und widerstandslos den Erziehungsnormen der Großmutter folgte, in deren Mittelpunkt häusliche Tugenden standen. Obwohl Sisi in ihren Gedichten immer wieder beklagte, so jung verehelicht worden zu sein, verheiratete sie ihre Tochter mit 16 Jahren mit Prinz Leopold von Bayern (1846–1930), dessen Mutter ebenfalls eine Habsburgerin war. Damit verhinderte sie die geplante Heirat von Leopold mit Amalie von Sachsen-Coburg und Gotha (1848–1894), auf die Elisabeths jüngster Bruder Max Emanuel ein Auge geworfen hatte und mit der er sich später vermählte. Nach der Hochzeit besuchte die Kaiserin Gisela, die nach München zog und sich dort oft um ihre Großmutter, Herzogin Ludovika, kümmerte, nur selten, und wenn sie es tat, wohnte sie nicht bei ihr, sondern im Hotel. Wie wenig herzlich Elisabeths Verhältnis zu ihrer Tochter war, offenbarte sich später in ihren Versen, in denen sie Gisela als «rackerdürre Sau» verspottete und deren vier Kinder mit Ferkeln verglich.

Obwohl die Kaiserin es geschafft hatte, Rudolf schließlich durch liberale, bürgerlich intellektuelle Lehrer unter der Leitung von Josef Latour von Thurmburg erziehen zu lassen und seiner Ausbildung damit eine neue Richtung zu geben, blieb ihre eigene Rolle auch bei ihm distanziert. Zwar schrieb sie immer wieder Briefe an ihren Sohn, die freundlich und liebevoll sind («Deine Dich liebende Mutter»), aber letztlich waren sie nicht sehr persönlich – bei der Beurteilung muss man allerdings berücksichtigen, dass nur sehr wenige davon erhalten sind. Das überrascht umso mehr, als in Rudolfs Charakter viele der Grundzüge von Elisabeths Wesen zu finden sind und sich die beiden in mehreren ihrer Verhaltensweisen und Ansichten sehr ähnlich waren. So bekämpften Mutter und Sohn etwa das Bündnis mit dem Deutschen Reich, vertraten überaus demokratische, teilweise sogar republikanische Standpunkte, und sicherlich war die Opposition des Kronprinzen zum Hof und dem andersdenkenden Vater auch durch seine Mutter geprägt. Kritik an der klerikal-feudalistischen Politik sollte Rudolf später nicht nur in einer geheimen politischen Denkschrift üben, sondern auch in anonymen Artikeln, die er mit Hilfe von Moritz Szeps, dem Chefredakteur des *Neuen Wiener Tagblatts*, veröffentlichte. Ähnlich wie Elisabeth unternahm der Thronfolger weite Reisen und zeigte ein reges Interesse an verschiedenen wissenschaftlichen Bereichen, vor allem der Ornithologie – auf dem Gebiet der Vogelkunde war er ein anerkannter Fachmann –, die sich mit seiner Jagdleidenschaft, einem weiteren Produkt der spezifisch habsburgischen Erziehung, gut verbinden ließ. Dass Sisi zu ihren beiden älteren Kindern keine konstante Beziehung aufbauen konnte, ist wohl nicht zuletzt dem hinderlichen Faktor ihrer häufigen Abwesenheit von deren Umgebung geschuldet.

Ab Mitte der 1870er Jahre stand Elisabeths hübsche und sportliche Nichte Marie Wallersee ihr und Marie Valerie sehr nahe und nahm an mehreren Parforcejagden in Ungarn teil. Das junge Mädchen, das aus der morganatischen Ehe von Sisis Bruder Ludwig mit der jüdischen Schauspielerin Henriette Mendel (1833–1891) stammte und daher in den Augen der adeligen Gesellschaft kein standesgemäßer Umgang war, wurde von Sisi nach ihrem Geschmack geformt und in die Aristokratie eingeführt. Sie initiierte die unglücklich verlaufende Ehe ihrer Nichte mit Graf Georg Larisch (1855–1928) und arrangierte deren Hochzeit 1877 in Gödöllő. Der Kontakt verlor in den folgenden Jahren zwar an Intensität, Marie dürfte aber in den 1880er Jahren von der Kaiserin mit der Abschrift ihrer Gedichte betraut worden sein. Wegen ihrer Vermittlerrolle für Rudolf und seine Geliebte Mary Vetsera (1871–1889) fiel Marie Larisch nach dem Selbstmord des Kronprinzen jedoch bei Elisabeth in Ungnade. Ihre späteren Rechtfertigungsschriften sind – obwohl sich nachträglich einiges als wahr erwiesen hat – eine sehr kritisch zu betrachtende Quelle zu Elisabeths Biographie.

Auszeiten vom Wiener Hof fand Elisabeth zu Beginn der 1870er Jahre in Gödöllő und bei Fahrten zur Sommerfrische, aber auch in längeren Aufenthalten bei der bayrischen Familie in München und Possenhofen, wo sie zunächst das Schloss Garatshausen ihres Bruders Ludwig bewohnte und später, als sich dieses für ihr umfangreiches Gefolge als zu eng erwies, das Hotel Strauch in Feldafing mietete. Zu dieser Zeit besaß Sisi ein besonders enges Verhältnis zu ihren Schwestern, und sie war nicht nur Mathilde in Zürich 1867 bei deren Niederkunft beigestanden, sondern zudem Ende 1869 zur Geburt von Maries Tochter nach Rom gereist, wo sie übrigens der Eröffnung des Ersten Vatikanischen Konzils beiwohnte und Papst Pius IX. (1792–1878) sie zur Audienz empfing.

Elisabeths Schwestern waren ihr nicht nur in ihrer äußeren Erscheinung und einigen charakterlichen Merkmalen ähnlich. Ihre Beziehungen zu ihren Ehemännern zeigten ebenfalls Probleme – wie es ja schon bei Marie angesprochen wurde –, mit Ausnahme von Helene, die bis zum frühen Tod ihres Mannes Maximilian Anton von Thurn und Taxis (1831–1867) glücklich verheiratet war. Sowohl Mathilde als auch ihrem Ehemann Ludwig Trani wurden Liebschaften nachgesagt. Sie trennte sich später, indem sie sich viel auf Reisen begab, von ihrem alkoholkranken Gatten, der 1886 vermutlich Selbstmord beging. Für die jüngste Schwester Sophie gab es mehrere potentielle Heiratskandidaten, wie etwa den Kaiserbruder Ludwig Viktor. Nach einer geplatzten Verlobung mit Ludwig II. und einer unglücklichen Liebe zu dem Fotografensohn Edgar Hanfstaengl (1842–1910) hatte sie schließlich 1868 Herzog Ferdinand von Alençon (1844–1910) geheiratet. In der anfangs harmonisch verlaufenden Ehe sollte es 1886 zu einem Skandal kommen, als sie sich in ihren verheirateten Gynäkologen verliebte, mit dem sie in die Schweiz fliehen wollte. Um die geplante Scheidung zu verhindern, wurde Sophie von ihrer bayrischen Familie in einem Sanatorium bei Graz interniert, wo sie der Nervenarzt Richard von Krafft-Ebing (1840–1902) mit seiner Therapie von «sexuellen Abartigkeiten» behandelte. Nach ihrer «Heilung» kehrte sie zu ihrem Ehemann zurück und fand 1897 nach Jahren vermehrter karitativer Tätigkeit einen tragischen Tod bei einem Brand auf einem Wohltätigkeitsbazar in Paris.

Beim Blick auf Elisabeths Besuche in der bayrischen Heimat

darf man natürlich ihre Beziehung zu ihrem Großcousin Ludwig II. von Bayern nicht vergessen, die nach 1864 enger geworden und nicht nur durch die Verwandtschaft, sondern auch durch viele gemeinsame charakterliche Eigenheiten und künstlerische Interessen begründet war. Wie Sisi selbst fanden bzw. konstruierten viele Biographen eine «Seelenverwandtschaft» zwischen den beiden Außenseitern im höfischen Leben, denn auch Ludwig fühlte sich verkannt, war menschenscheu und hielt sich als Herrscher weitgehend von repräsentativen Pflichten fern. In der Rezeption späterer Zeit wurden die beiden Mythen der schönen Kaiserin und des exzentrischen Wittelsbachers oft miteinander verwoben. Nachdem Ludwig 1867 – wohl nicht zuletzt infolge seiner homosexuellen Orientierung – die Verlobung mit Sophie, mit der ihn vor allem die Liebe zu Richard Wagner verband, gelöst hatte, war es zu einer Verstimmung zwischen ihm und Sisi gekommen. Diese spielte, so die Historikerin Martha Schad, allerdings dann Anfang der 1880er Jahre mit dem Gedanken, ihn mit ihrer Tochter Marie Valerie zu verkuppeln. Der mysteriöse Tod des Königs am 13. Juni 1886 im Starnberger See sollte Elisabeth schwer treffen und Differenzen mit ihrer bayrischen Familie hervorrufen, da Sisi im Gegensatz zu dieser weniger an seinen Wahnsinn als an ein politisches Komplott glaubte.

Die Last der Repräsentation

Mit ihren beiden Töchtern sowie ihrem 106-köpfigen Gefolge überwinterte Elisabeth von Oktober 1870 bis Juni 1871 in Meran, wo das Schloss Trauttmansdorff unter Aufwendung gigantischer Summen für den Aufenthalt adaptiert wurde. Im folgenden Winter bewohnte sie dort, in wechselnder Gesellschaft ihrer Schwestern, Schloss Rottenstein, das seit 1863 ihrem Schwager Karl Ludwig gehörte. Auch wenn die Kaiserin ihre repräsentativen Pflichten so weit als möglich zu umgehen versuchte, konnte sie sich diesen jedoch nicht völlig entziehen. Die Teilnahme an der Eröffnung der neuen Wiener Oper im Mai 1869 hatte sie kurzfristig abgesagt, obwohl der Termin extra für sie verschoben und ein eigener Salon im Gebäude mit ihren

Lieblingsmotiven aus Shakespeares *Sommernachtstraum* ausgestattet worden war. Nicht nur bei der Hochzeit ihrer Tochter Gisela im April 1873 in Wien, auch bei der Weltausstellung, die vom 1. Mai bis zum 2. November 1873 in Wien auf dem Gelände der Rotunde im Prater stattfand, musste Sisi jedoch anwesend sein, zumal es das Ziel der Veranstaltung war, die Position und das Ansehen der Habsburgermonarchie in Europa zu stärken, die durch die verlorenen Kriege in Italien und gegen Preußen erheblich gelitten hatten. Überdies wollte man den wirtschaftlichen Erfolg des Staates – vor allem die Modernisierung und Industrialisierung – nach außen demonstrieren. Der gute Eindruck, der dabei vermittelt werden sollte, wurde allerdings durch den Börsenkrach in Wien, der am 9. Mai 1873 die Kurse ins Bodenlose fallen ließ, stark geschädigt. Dennoch waren viele Potentaten aus europäischen Ländern, wie etwa der russische Zar mit den Thronfolgern, der Prince of Wales Albert (1841–1910, später König Edward VII.), Kronprinz Friedrich Wilhelm von Preußen (1831–1888) und seine Mutter, die deutsche Kaiserin Augusta (1811–1890), sowie die Königin von Spanien und auch der Schah von Persien, der von der Schönheit der Kaiserin sehr angetan war, in Wien zu Besuch. Sisi absolvierte recht tapfer das zeremonielle Programm, zog sich dann allerdings rasch nach Payerbach bei Reichenau und von dort nach Ischl zurück. Der offizielle Grund war ihre Menstruation. Sie verweigerte sogar ihre Anwesenheit beim Besuch des italienischen Königs Vittorio Emanuele II., dem sie weder die Demütigung ihres Mannes in den Kriegen um die Einigung Italiens noch dessen Einfluss auf das Schicksal ihrer beiden Schwestern Marie und Mathilde, die durch die Gründung des Königreichs Italien vertrieben worden waren, verzeihen konnte. Elisabeth verbrachte diese Tage fernab in Gödöllő und kam erst zum 25-jährigen Regierungsjubiläum Franz Josephs am 2. Dezember 1873 wieder nach Wien zurück. Wie sehr sie das Repräsentieren langweilte, zeigte sich bei diesem Ereignis, wo ihr desinteressiertes Auftreten Anlass zur Kritik in der zeitgenössischen Presse gab. Als sie sich vermehrt ihren Pflichten als Kaiserin verweigerte, blieb Sisi, die sich vorwiegend mit sich selbst beschäftigte und viel Zeit mit Grübeln verbrachte, jedoch lebenslang auf der Suche nach einer Tätigkeit, die diesen gewonnenen Freiraum ausfüllen konnte. Die unterschiedlichen Vorlieben, die sie im Laufe ihres Lebens mit Exzess betrieb, konnten sie jeweils nicht lange befriedigen.

Reiten

Eine dieser Interessen, den Reitsport, intensivierte sie zu Beginn der 1870er Jahre in Gödöllő, und er entwickelte sich für etwa ein Jahrzehnt zu einer zentralen Leidenschaft, der sie nahezu mit Besessenheit nachging.

Ihre Liebe zu Pferden war schon in ihrer Kindheit geweckt worden, denn das Reiten gehörte einerseits zur Ausbildung adeliger Frauen, andererseits spielte es auch in ihrer Familientradition – man denke an ihren Vater, Herzog Max – eine große Rolle. Was Elisabeth von den meisten anderen adeligen Damen ab den 1870er Jahren aber unterschied, war die Extremität ihres Reitsportes. Die Kaiserin begann an Parforcejagden und Springreiten teilzunehmen, wobei das Risiko für sie dadurch erhöht wurde, dass sie – den Sitten des 19. Jahrhunderts gemäß – im Damensitz im Sattel saß, also keineswegs denselben festen Halt auf dem Pferd wie ihre männlichen Mitstreiter hatte. Die Ebene um Gödöllő begünstigte die Ausübung dieses Sports ebenso wie die wunderbaren, aus den königlichen Marställen in Kisbér und Mezőhegyes stammenden Pferde, die Elisabeth zur Verfügung standen, und sie suchte ihre Gesellschaft vorwiegend nach den Reitkünsten aus.

Vor allem Graf Miklós Pál/Nikolaus Paul Esterházy (1839–1897), einer der besten Reiter der Monarchie und ein langjähriger Verehrer der Kaiserin, war ein gern gesehener Teilnehmer. Der *master* (Leiter) der Gödöllőer Parforcejagden engagierte sich für den Rennsport, was ihm den Spitznamen Sport-Niki einbrachte, und er wurde als späterer Präsident des österreichischen Jockey-Clubs zu einem der bedeutendsten Förderer des Trabrennsports in der Donaumonarchie. Ein anderer hervorragender Reiter, Graf Elemér Batthyány (1847–1932), war ein politisch problematischer Gast in Gödöllő. Sein Vater Lajos/ Ludwig Batthyány (1807–1849), der erste Ministerpräsident Ungarns in der Revolution 1848/49, war 1849 letztlich auf Befehl Kaiser Franz Josephs in Budapest hingerichtet worden. Dass sein Sohn in Gödöllő mit der Frau des Kaisers freundschaftlich verkehrte, wurde weder am Wiener Hof noch von Elemérs Mutter, der Witwe des Hingerichteten, akzeptiert. Häufig eingeladen wurde außerdem Prinz Rudolf von und zu Liechtenstein (1838–1908), der später eine Karriere als Obersthofmeister machte und Sisi oft auf ihren Reisen begleitete.

Neben Parforcejagden ritt Elisabeth in Gödöllő auch Hohe Schule und arbeitete mit Zirkuspferden. Ebenso wie in Wien ließ sie sich hier eine Manege bauen, in der sie Unterricht bei den Kunstreiterinnen des Zirkus Renz, Elise Petzold und Emilie Loiset (1854–1882), nahm. Die rastlose Kaiserin kannte beim Reiten weder Maß noch Schonung und litt weiterhin an schwankenden Gemütsstimmungen und unberechenbaren Launen.

Die gesteigerte Reitleidenschaft Elisabeths führte zu neuen Reisezielen, da sie die von September bis November dauernde Jagdsaison in Gödöllő bald als zu kurz ansah. Im Jahre 1874 lud ihre Schwester Marie zur Parforcejagd nach England, wo die Landschaft interessantere Voraussetzungen dafür bot. Offiziell benutzte Sisi damals noch den Vorwand, dass Marie Valerie Seebäder benötige, zumal die hohen Kosten ihrer Reisen auf heftige Kritik stießen. Ab 1875 konnte ihre immer teurer werdende Reitleidenschaft dann durch das immense Vermögen des im selben Jahr verstorbenen ehemaligen Kaisers Ferdinand finanziert werden, das dieser Franz Joseph vererbte. Elisabeths jährliche Apanage, die seitdem 300 000 Gulden betrug, wurde dafür allerdings nicht angetastet. Die Kaiserin reiste mit ihrer jüngsten Tochter über Straßburg und Le Havre auf die Isle of Wight (südlich von Southampton). Ein kurzer Besuch bei Königin Victoria, die auf der Insel den privaten Landsitz *Osborne House* besaß, ließ sich für Sisi aus Gründen der Staatsraison nicht umgehen. Nach einem Aufenthalt in London, wo sie u. a. Madame Tussauds Wachsfigurenkabinett und ein Irrenhaus besichtigte, verbrachte sie einige Zeit in *Belvoir Castle* in Melton. Dort traf sie bei den Jagden nicht nur einige ungarische Adelige, sondern auch die Brüder Baltazzi, die aus einer in Wien ansässigen griechisch-österreichischen Familie stammten. Alexander (1850–1914) und Aristide Baltazzi (1853–1914), die mit ihrem Pferd *Kisbér* 1876 das englische Derby gewannen, und Heinrich (Henry) Baltazzi (1858–1929), ein Offizier der österreichisch-ungarischen Armee, waren allesamt herausragende Reiter. Diese Familie sollte in Sisis Familiengeschichte noch eine wesentliche Rolle spielen, denn die Schwester der Pferdeliebhaber, Helene Freifrau von Vetsera, geborene Baltazzi (1847–1925), war die Mutter jener Mary Vetsera, die bei der Tragödie in Mayerling gemeinsam mit Kronprinz Rudolf starb. Alexander Baltazzi war nach der Tat dort anwesend.

Auch im folgenden Jahr, 1875, stellte Elisabeth ihre Reitleidenschaft in den Vordergrund und fuhr Ende Juli mit Marie Valerie und einem 70-köpfigen Gefolge zum Reittraining in die Normandie nach Sassetôt-le-Mauconduit. Da man ihr zu einem Aufenthalt an der Atlantikküste geraten hatte, ging Elisabeth täglich am nahe gelegenen Strand von Les Petites-Dalles schwimmen, die meiste Zeit widmete sie jedoch dem Perfektionieren des Hindernisreitens, für das ein Reitlehrer aus England angereist war. Am 11. September 1875 hatte die Kaiserin beim Ritt durch einen Hindernisparcours einen Unfall, bei dem sie bewusstlos am Boden liegen blieb. Das hinderte sie jedoch nicht daran, den gefährlichen Reitsport weiter zu forcieren.

Im März 1876 fuhr Sisi wieder nach England, diesmal nach Towcester in Northamptonshire, das für seine Pferderennbahnen berühmt war. Dort mietete sie das im 18. Jahrhundert entstandene *country house Easton Neston*, wo es ausgezeichnete Ställe für ihre Pferde gab, die nun für hohe Summen in England gekauft wurden. Vorreiter bei der Fuchsjagd wurde Captain William «Bay» Middleton (1846–1892), einer der bekanntesten Reiter Englands. Der besonders waghalsige Reiter, der später bei einem Reitunfall starb, war schon bald von Elisabeths Mut und Können beeindruckt und unternahm mit ihr besonders schwierige und hindernisreiche Jagden. Middleton, der nicht nur während der Ausübung des Pferdesports viel Zeit mit ihr verbrachte und sie im Sommer 1876 auch in Gödöllő besuchte, pilotierte die Kaiserin ebenso in den nächsten Jahren. Gerüchte über ein Verhältnis seiner Mutter mit dem englischen Reiter kamen Kronprinz Rudolf auf seiner Bildungsreise nach England 1878 durch seine Tante Marie zu Ohren, woraufhin die Beziehung zwischen der Kaiserin und ihrer Schwester für längere Zeit getrübt blieb. Ob zwischen ihr und Bay Middleton wirklich eine sexuelle Beziehung bestand, wurde auch in der Literatur oft diskutiert, ist jedoch keineswegs eindeutig beweisbar.

Nach zwei weiteren Reitaufenthalten in England wechselte Elisabeth 1879 und 1880 das Ziel und reiste nach Irland, da man dort die besten Hunde für die Parforcejagd hielt. Dass ihre Klosterbesuche – die wahrscheinlich das Überspringen der Klostermauer hoch zu Ross entschuldigen sollten, in der irischen Presse aber weidlich ausgeschlachtet wurden – das englische Königshaus provozierten, kümmerte sie wenig. Ebenso gleichgültig war ihr wohl die Kritik in der zeitgenössischen Presse über die teuren Reitvergnügungen, für die sie ihre Repräsentationspflichten vernachlässigte. Die Parforcejagden wurden – nun wieder in England – bis 1882 alljährlich fortgesetzt. Dann allerdings gab Sisi den Reitsport auf. Ob das nur wegen ihrer rheumatischen Beschwerden geschah, aus plötzlicher Angst oder auch aus dem Grund, dass Bay Middleton sich nach seiner Verlobung 1882 nicht mehr als Vorreiter zur Verfügung stellte, kann nicht entschieden werden. Elisabeths starker Bewegungsdrang, der wohl wesentlich auf ihrer inneren Unruhe basierte, wurde in den folgenden Jahren durch exzessive Spaziergänge, Turnen und Fechten gestillt.

Im Jahrzehnt ihrer Reitleidenschaft hatte Elisabeth nur öffentliche Auftritte absolviert, die unvermeidlich waren. Ein Ereignis, bei dem Sisi selbstverständlich anwesend sein musste, war die Feier der Silbernen Hochzeit mit Franz Joseph 1879. Dieses aufwendig zelebrierte Fest wurde von dem damals berühmten Maler Hans Makart (1840–1884) inszeniert, der einen Festzug gestaltete, in dem sich das Wiener Bürgertum ein Denkmal setzte. Der große Umzug, an dem am 27. April 1879 14 000 Menschen in historischen Kostümen der Renaissancezeit teilnahmen, begann im Prater und führte über die noch unfertige Ringstraße, wo das Jubelpaar auf der Kaisertribüne vor dem Äußeren Burgtor die Parade abnahm. Im engeren Kreis hatte die habsburgische Familie die Silberhochzeit am 22. April 1879 im Palais des Erzherzogs Karl Ludwig mit einem «Historischen Familienfest des Kaiserhauses» gefeiert. In sechs *Tableaux vivants* (lebenden Bildern), die nach berühmten Gemälden inszeniert wurden, gedachte man wichtiger Ereignisse in der Geschichte des Hauses, und viele Mitglieder der Dynastie waren an der Darstellung beteiligt.

Griechische Welten

Da Sisi solchen Pflichten am Wiener Hof auch weiterhin nichts abgewinnen konnte, wandte sie ihre Interessen nach Aufgabe des wilden Pferdesports bald anderen Dingen zu. In den 1880er Jahren widmete sie sich nicht nur dem Dichten, sondern entwickelte auch eine Griechenlandbegeisterung, die für längere Zeit ihr Leben bestimmen und sie vermehrt in die Ferne führen sollte. Mit ihrer Freude am Reisen stand Elisabeth im späten 19. Jahrhundert nicht allein. Eine große Anzahl Adeliger und Angehöriger unterschiedlicher Dynastien unternahm weite Fahrten, und ebenso zählten vereinzelt Frauen zu den bedeutenden Reisenden dieser Zeit. Auch viele Mitglieder der habsburgischen Familie zeigten Reiselust. Mit einem der interessantesten und unkonventionellsten darunter, Erzherzog Ludwig Salvator, der auf Mallorca lebte und umfangreiche, wissenschaftlich ausgerichtete Expeditionen im Mittelmeerraum unternahm, über die er mehrere Bücher schrieb, war die Kaiserin befreundet.

Allerdings muss man bei der Betrachtung von Sisis Reisen die oft in der Literatur geäußerte Meinung, dass sie Zeit ihres Lebens fast ständig vom Hof abwesend war, stark relativieren. So heißt es beispielsweise in einer Monographie von Fischer-Westhauser/Mraz: «Sechs Jahre und nicht länger hielt Elisabeth das Leben am Wiener Hof aus, und vierzig Jahre war sie eine Reisende.» Zwar ist diese Aussage wohl bildlich zu verstehen, doch zeigen die Quellen mit Blick auf die Statistik für ihre Reisetätigkeit, dass die Kaiserin bis in die 1880er Jahre große Teile des Jahres in Wien verbrachte bzw. in den weiteren Residenzen und Jagdstützpunkten der Habsburgermonarchie, die traditionell von den Habsburgern im jahreszeitlichen Wechsel der Wohnsitze besucht wurden. Wenngleich das Motiv ihrer Aufenthalte in diesen anderen Domizilen Fluchtverhalten vor dem Wiener Hofleben gewesen sein mag, so blieb doch dabei ihre Funktion als Monarchin offiziell gewahrt.

Elisabeths Reisen in den Süden Europas oder in Kurorte, die meist aus gesundheitlichen Gründen erfolgten, waren in dieser Zeit sicherlich mit denen anderer adeliger Familien oder Angehöriger von Dynastien zu vergleichen. Erst in den 1880er Jahren schränkte sich ihre Anwesenheit im höfischen Umfeld stärker ein, die Kaiserin war mehr unterwegs als zuvor, dennoch verblieb sie große Teile des Jahres noch in Wien, Ischl und Budapest bzw. Gödöllő, einige Zeit auch im Badeort Gastein und in Salzburg. Nach dem Tod des Kronprinzen Rudolf 1889 sollte ihre Präsenz in den Residenzen der Habsburgermonarchie dann immer seltener und kürzer werden; zumindest die Monate von Dezember bis März verbrachte sie im Mittelmeergebiet. Die Abwesenheit vom Hofe, die durch Flucht in die Krankheit mit ihrer Reise nach Madeira und Korfu 1860/61 begonnen hatte, war über die Jahre schließlich zunehmend zur realen Flucht vor den Aufgaben einer Kaiserin und Ehefrau, jedoch auch vor der Langeweile geworden. Die Fahrten in die Ferne hatten letztendlich Elisabeths Rastlosigkeit als Ausgangspunkt und die Suche nach sich selbst zum Ziele.

Nicht nur mit ihrer Begeisterung fürs Reisen, die sie mit ihrem Vater teilte, auch mit ihrer Leidenschaft für Griechenland knüpfte sie an Einflüsse ihrer Kindheit an, denn der königliche Hof in München war stark vom Philhellenismus geprägt. Zudem entwickelte sich gerade in den 1880er Jahren eine allgemeine Begeisterung für das östliche Mittelmeer. Einerseits zeigten sich hier noch Nachwirkungen der Orient- und Ägyptenmode und andererseits erweckten Expeditionen und Ausgrabungen – allen voran die Entdeckung einer bronzezeitlichen Siedlung durch Heinrich Julius Schliemann (1822–1890), die als Troja bezeichnet wurde – weiteres Interesse an diesem Raum, der auch geopolitisch aufgrund des 1869 eröffneten Suezkanals ins Zentrum der europäischen Aufmerksamkeit getreten war.

Sisi ging ihrer Passion für die griechische Kultur mit Übereifer nach und begann Alt- und Neugriechisch zu lernen. Unter ihren zahlreichen Griechischlehrern ist der bekannteste Constantin Christomanos, der seit 1889 für drei Jahre ihr Lehrer, Vorleser und Reisebegleiter war und eine schwärmerische Quelle, die *Tagebuchblätter*, zur Biographie der Kaiserin verfasste.

Im Jahre 1885 unternahm Sisi ihre erste große Orientreise mit Alexander Freiherr von Warsberg (1836–1889), der aus lothringischem Adel stammte und regen Kontakt mit den Wittelsbachern unterhielt. Er war ein allseitig, insbesondere humanistisch gebildeter Mann, der viel im östlichen Mittelmeer, in Kleinasien und Nordafrika reiste und zahlreiche Sprachen beherrschte. Intensiv hatte er sich mit Homer und seinen Dichtungen auseinandergesetzt, die ihm – ähnlich wie Schliemann – auch als eine Art Reiseführer dienten. Elisabeth und Warsberg fuhren auf der Raddampferjacht *Miramare* zunächst nach Korfu, dann über Patras, Korinth, Zakynthos, Milos und Santorin nach Zypern, berührten im ägyptischen Hafen Port Said den afrikanischen Kontinent, besuchten Alexandrien und reisten schließlich über die ionische Insel Ithaka wieder zurück nach Korfu. Zwei Jahre später besuchte Elisabeth erneut Ithaka, die ‹Heimat des Odysseus›. 1888 wurde Warsberg, nachdem zunächst der Architekt Theophil Hansen (1813–1891) dafür vorgesehen war, mit der Planung und Bauleitung des Achilleions betraut, das Sisi auf der Insel Korfu einen Stützpunkt im geliebten Griechenland bieten sollte. Der Gelehrte starb allerdings schon 1889 und erlebte die Fertigstellung des Bauwerkes drei Jahre später nicht mehr.

Orte der Ruhe – Achilleion und Hermesvilla

Von ihrem griechischen Refugium hatte Elisabeth eine spezielle Vorstellung: «Ich möchte einen Palast mit Säulenhallen und hängenden Gärten, vor unberufenen Blicken geschützt, märchenhaft, hochmütig, heilig.» Zum Namensgeber Achill fühlte sie sich besonders hingezogen, so schrieb sie: «Ich liebe ihn, weil er für mich die griechische Seele personifiziert und die Schönheit der Landschaft und der Menschen. Ich liebe ihn auch, weil er so schnellfüßig war. Er war stark und trotzig und hat alle Könige und Traditionen verachtet und die Menschenmassen für nichtig gehalten und nur seinen Träumen gelebt, und seine Trauer war ihm wertvoller als das ganze Leben.» Hier zeigt sich Elisabeths Selbstbild in der Identifikation mit der Sagengestalt, der sie diesen Palast widmete. Das Achilleion wurde bei Gastouri auf dem Grund der ehemaligen Villa Braila errichtet, Architekt war der aus Neapel stammende Raffaele Carito (gest. 1911). Der Bau wurde großzügig von Franz Joseph finanziert, der dieses Refugium allerdings niemals selbst besuchte, was nicht zuletzt mit seiner Abneigung gegen Schifffahrten zusammenhängen mochte. Auch Elisabeths Töchter Gisela und Marie Valerie waren nur einmal auf Korfu.

Das Gebäude, umgeben von den Kentauren-, Hermes- und Achillesterrassen und schönen Treppen, die nach Artemis und Venus benannt wurden, war voll der Anspielungen auf die griechische Mythologie. Außerdem gab es einen Tempel für Sisis Lieblingsdichter und großes Vorbild Heinrich Heine, zu dem sie öfter im Mondschein pilgerte. Nach dem Tod ihres Sohnes Rudolf wurde auch ihm ein Denkmal errichtet. Das wichtigste Motiv war gleichwohl der namensgebende Achill. In zentraler Lage im Schlosspark ließ Sisi die Marmorskulptur «Sterbender Achill» von Ernst Herter (1846–1917) aufstellen, und im Inneren des Hauses bildet ein Fresko des österreichischen Künstlers Franz Matsch (1861–1942) den Triumph des siegreichen griechischen Helden auf seinem Streitwagen vor den Mauern Trojas ab.

Elisabeth verbrachte die Zeit auf Korfu mit einsamen Spaziergängen im Park am frühen Morgen, nachmittags unternahm sie Ausflüge in die Dörfer oder wanderte zu einer Bucht, in der sie lange schwamm oder den Hunden beim Spielen zusah. Sie besuchte viele Klöster und Märkte, wo sie zahlreiche Geschenke und Souvenirs kaufte. Vermutlich hatte sie einen Teil der Sammlung griechischer Altertümer, die sie anlegte, auf Korfu erstanden. Doch schon bald nach der Fertigstellung des Achilleions verlor die Kaiserin das Interesse daran, und 1896 weilte sie zum letzten Mal in ihrem Refugium.

Das Opfer von Elisabeths häufigen Reisen, doch teils auch deren Ursache, war Franz Joseph, der allein in Wien zurückbleiben musste. Allerdings hielt sich der Kaiser durchaus schadlos, so ist Anna Nahowski (1860–1931) für die Jahre von 1875 bis 1888 als seine Geliebte bekannt, die er großzügig finanziell unterstützte. 1885 vermittelte Elisabeth ihrem Ehemann selbst die Bekanntschaft und schließlich das enge Verhältnis mit der Hofschauspielerin Katharina Schratt, das sie deckte und damit vor einem Skandal bewahrte – häufige Interpretationen des Verhältnisses als asexuelle Beziehung sind wohl eher apologetischer Art. Wie viele Liaisons Franz Joseph außer diesen beiden langfristigen unterhielt, ist nicht gewiss.

Trotzdem blieb der Kaiser emotional seiner Frau eng verbunden, er genoss die seltenen Besuche Elisabeths in Wien und stand mit ihr in einem regen Briefwechsel. Alle zwei bis drei Tage schrieb er an Sisi; seine Briefe sind erstaunlich zärtlich und liebevoll verfasst. Mit dem Geschenk eines Refugiums im Wienerwald versuchte er, Sisi stärker an Wien zu binden. Dieser Bau, die Hermesvilla – ursprünglich *Villa Waldruh* genannt und im Zeitraum von 1881 bis 1886 von dem Architekten Karl Freiherr von Hasenauer (1833–1894) errichtet –, liegt mitten im Lainzer Tiergarten, einem kaiserlichen Jagdgebiet an der Grenze Wiens, das von einer Mauer umgeben war, die heute noch steht. Die schließlich nach einer Statue des griechischen Gottes aus weißem Marmor, die Elisabeth bei Ernst Herter in Auftrag gegeben hatte, benannte Villa sollte ihr ungestörte Aufenthalte in der Nähe der Stadt ermöglichen. Neuere Forschungen zeigen aber, dass Sisi offensichtlich in die Planung nicht involviert war und die Villa nicht ganz ihrem Geschmack entsprach. Das Hauptgebäude hat eine prachtvolle, heute überladen wirkende, aber dem Stil der Zeit entsprechende Ausstattung mit Gemälden von Hans Makart, aber auch von Gustav Klimt (1862–1918) und dessen Bruder Georg Klimt (1867–1931) sowie Werken des Bildhauers Viktor Tilgner (1844–1896). Auch wenn die

Hermesvilla hinsichtlich des Komforts nicht mit dem etwas später errichteten Achilleion verglichen werden kann und erst 1895 auf Betreiben Elisabeths Badewannen und Klosetts mit Wasserspülung eingebaut wurden, war sie ein modernes Gebäude. Die dorthin führende Straße erstrahlte als eine der ersten Wiens in elektrischem Licht, und 1896 wurde sogar ein Telefon in diesem weitab von der Stadt liegenden Gebäude eingerichtet – keineswegs Selbstverständlichkeiten am Hofe des Kaisers. Besonders prunkvoll war das Schlafzimmer der Kaiserin ausgestattet. Dies schmückten ein riesiges Barockbett, das einst der habsburgischen Herrscherin Maria Theresia (1717–1780) gehört hatte, und Wandmalereien nach Entwürfen von Makart, die Szenen aus Shakespeares *Sommernachtstraum*, Sisis Lieblingsstück, darstellten. Die Villa verfügte über ein Turnzimmer, das mit Schwebebalken und Ringen ausgestattet war und einen Bildschmuck aufwies, der im pompejanischen Stil verschiedene Sportarten zeigte. In einem Teil des Hoftraktes waren die Reitställe für die Pferde der Kaiserin untergebracht. Dort gab es auch ein *Rondeau,* in dem man bei schlechtem Wetter die Tiere bewegen konnte. Das umliegende Gelände – heute ein beliebtes Ausflugs- und Wanderziel der Wiener – war ein ideales Reitgebiet und besaß zwei Badeteiche, wo Elisabeth vor den Blicken der Öffentlichkeit geschützt war.

Unstetes Wanderleben

Die Kaiserin fühlte sich jedoch in der Hermesvilla nie wirklich wohl, und bei ihren Wienaufenthalten konnte selbst ihr Mann nur selten zu ihr vordringen, denn sie schlief lang und war häufig unpässlich oder schützte dies zumindest vor. Ihre Reisen und ihre Griechenlandbegeisterung in den späten 1880er Jahren konnten ihre depressiven Verstimmungen nicht lindern, die durch die Ereignisse des Jahres 1889 noch verschlimmert wurden.

Am 10. Mai 1881 war auf Druck Franz Josephs Kronprinz Rudolf mit der belgischen Prinzessin Stephanie verheiratet worden, deren Mutter ebenfalls aus der Familie Habsburg-Lothringen stammte. Elisabeth war mit dieser Eheschließung nicht einverstanden und lehnte die Schwiegertochter ab, die sie in ihren Gedichten als «Trampeltier» bezeichnete. Rudolfs Ehe, aus der eine Tochter Elisabeth, genannt «Erzsi» (1883–1963), hervorging, die später der Sozialdemokratie nahestand und sogar mit einem Schutzbundführer verheiratet war – der Republikanische Schutzbund war eine paramilitärische Organisation der Sozialdemokratischen Arbeiterpartei –, verlief ebenso unglücklich wie sein gesamtes Leben. Es war bestimmt durch den Konflikt mit dem Vater, der ihm keinen Einblick ins politische Geschehen oder gar Einfluss auf die Politik gönnte. Liebschaften, Krankheiten und Suchtverhalten führten zusammen mit seiner Enttäuschung über den Mangel an echten Aufgaben vermutlich zu jener Nacht in Mayerling, die eine langlebige Legende begründete. Was wirklich geschah, wurde und wird von Historikerinnen und Historikern, aber auch von Journalisten und Mitgliedern der Familie Habsburg-Lothringen immer wieder diskutiert. Wahrscheinlich beging Rudolf gemeinsam mit seiner 17-jährigen Geliebten Mary Vetsera am 30. Jänner 1889 im Jagdschloss Mayerling Selbstmord, als er zuerst Mary und dann sich selbst erschoss – so lautet die heute gängige Theorie. Da die habsburgische Dynastie unmittelbar nach dem Ereignis die Wahrheit zu vertuschen versuchte – schließlich war es für einen katholischen Habsburger unmöglich, als Mörder und Selbstmörder zu enden –, konnte jedoch über viele Varianten der Todesursache spekuliert werden, wobei auch verschwörungstheoretisch anmutende Gerüchte über Mordkomplotte entstanden. Elisabeth hatte offenbar die vielen Anzeichen der Persönlichkeitsveränderung ihres Sohnes nicht bewusst wahrgenommen; das Verhältnis von Elisabeth und Rudolf wird aufgrund der geringen Anzahl von Quellen trotz der beiden umfangreichen Biographien von Brigitte Hamann nicht wirklich greifbar. Obwohl Sisi, vom Obersthofmeister als Erste über die Tragödie informiert, die Todesnachricht dem Kaiser sehr gefasst überbrachte und diesem tapfer beistand, traf sie in der Folge das Drama von Mayerling schwer. Der später vernichtete Abschiedsbrief Rudolfs an seine Mutter schien keinen genauen Aufschluss über die Ursachen seiner Tat zu geben. So blieb für sie und die kaiserliche Familie, wie es Gisela nach dem Tod ihrer Mutter in einem Brief an Rudolfs ehemaligen Erzieher Josef Latour von Thurmburg formulierte, «dieses Geheimnis, das uns Anderen so rätselhaft scheint», unaufgelöst. Elisabeth trug danach vorwiegend schwarze Kleidung, und obwohl sie sich weiterhin mit ihrem Griechischstudium beschäftigte und im Spiritismus Zuflucht suchte, nahm die Ruhelosigkeit ihres Lebens stetig zu. Nach der Hochzeit ihrer Lieblingstochter Marie Valerie am 31. Juli 1890 in Ischl hielt sie sich immer weniger an den Stammsitzen der habsburgischen Monarchie auf.

Anders als bei Gisela hatte Elisabeth ihrer jüngsten Tochter die freie Wahl des Ehekandidaten gelassen, die auf einen Cousin zweiten Grades, Erzherzog Franz Salvator von Österreich-Toskana (1866–1939) fiel, den sie 1886 auf einem Ball kennengelernt hatte und vier Jahre später heiratete. Die mit zehn Nachkommen sehr kinderreiche Ehe sollte zwar anfangs glücklich verlaufen, wurde aber später durch die Affären des Erzherzogs, der mit Prinzessin Stephanie zu Hohenlohe (1891–1972) sogar einen unehelichen Sohn hatte, überschattet. Das Ehepaar zog nach der Heirat zuerst in das Schloss Lichtenegg bei Wels und dann in das Schloss Wallsee bei Amstetten, wo Marie Valerie von ihrer Mutter, die sich aufgrund ihrer eigenen schlechten Erfahrung nicht in die Beziehung einmischen wollte, nur selten besucht wurde.

Das Leben der Kaiserin artete in ihrem letzten Jahrzehnt, in das mit dem Tod von Herzog Max, Herzogin Ludovika, der Geschwister Helene und Max und dem grausamen Ende der Schwester Sophie zahlreiche Todesfälle innerhalb der bayrischen Familie fielen, ganz zu einer ziellosen Odyssee aus. Sie begab sich nun mit einem deutlich verringerten Hofstaat auf Reisen durch ganz Europa. Nur ein Kammermädchen, ein Stubenmädchen, ein Leiblakai und ein Hausdiener, der Obersthofmarschall, ein Kammerdiener, eine Hofdame, eine Kammerjungfer, ihre Kammerfriseurin Fanny Feifalik mit Gemahl, ein Amtsdiener, ein Griechischlehrer, ein Hoftafelinspektor, ein Zuckerbäcker und ein weiterer sogenannter Officiendiener begleiteten sie. Gereist wurde meist mit der Bahn, wobei Sisi und ihr Gefolge in einem Hofsalonwagen untergebracht waren. Im Jahre 1873 hatte die Firma Ringhoffer einen solchen eigens für die Kaiserin hergestellt, der aus zwei Waggons, einem Salon- und einem Schlafwagen, bestand. Er wurde 1895 modernisiert und erhielt elektrisches Licht sowie eine Dampfheizung, und auch andere Details wurden dem neueren Stand der Technik angepasst.

Ein weiteres für Elisabeth wesentliches Fortbewegungsmittel waren Schiffe, wobei sie Raddampfer liebte. Die Schiffe *Fantasie*, *Greif* und *Miramar*, die alle drei zur k. u. k. Kriegsmarine gehörten, standen ihr zur Verfügung. Die Jacht *Greif* hatte Franz Joseph 1869 für die Fahrt zur Eröffnung des Suezkanals benutzt; die *Miramar* war von Oberingenieur Josef Romako, einem Bruder des Malers Anton Romako (1832–1889), entworfen worden und besonders komfortabel. Da das Meer eine gewaltige Faszination auf Elisabeth ausübte, war sie bei jedem Wetter an Bord und ließ sich bei stürmischer See am Mast oder auf einem festgeschraubten Sessel festbinden, um mitten in der Natur sein und diese spüren zu können. Diese enge Beziehung zum Meer findet auch in Sisis Gedichten, in denen oft das Motiv der Delphine und der Möwen aufscheint, sowie in der Tatsache Ausdruck, dass die Kaiserin sich einen blauen Anker auf die Schulter tätowieren ließ. Die anstrengenden Reisen zu Bahn und zu Schiff mussten nicht nur ihre Hofdamen und ihr Personal mitmachen, sondern auch Ziegen, die frische Milch für Elisabeths extravagante Ernährung lieferten.

Ihre nun oft planlosen Fahrten führten Sisi 1890 von Dover aus nach Frankreich, nach Paris und Bordeaux, weiter nach Lissabon, Gibraltar, ins marokkanische Tanger und in die Küstenstadt Oran in Algerien, dann ging es nach Korsika, wo sie die Stätten des von ihr verehrten Napoléon I. (1769–1821) – nicht gerade eine positive Gestalt in der habsburgischen Geschichtsbetrachtung – besuchte, weiter über Marseille, Toulon, Cannes und Monaco nach Italien, wo sie in Livorno, Florenz, Pompeij und Capri Station machte, um dann auf Korfu anzukommen.

In den folgenden Jahren verliefen die Reiserouten ähnlich. 1891 fuhr Elisabeth von Korfu nach Korinth, Athen und Kairo; zudem kurte sie in Karlsbad/Karlovy Vary und unternahm Bergtouren in der Schweiz. Sisi irritierte ihre Mitmenschen und Standesgenossen in jener Zeit manchmal mit überraschenden Besuchen in fremden Häusern, so begab sie sich z. B. in Athen vom Bahnhof direkt zum königlichen Schloss, wo sie nicht angemeldet war.

1892 verbrachte sie längere Zeit in Gödöllő, den Winter in Sizilien und auf den Balearen, Weihnachten feierte sie mit Erzherzog Ludwig Salvator auf Mallorca und besuchte dann Malaga und Granada. 1893 war sie in Sevilla, danach an der Riviera sowie in der Schweiz. In Territet traf sie dort mit Kaiser Franz Joseph zusammen. Im selben Jahr und im Jahr darauf besuchte Elisabeth Algerien, Madeira, das spanische Alicante und Cap Martin an der französischen Côte d'Azur. Dieser Ort war einer der wenigen Treffpunkte des Kaiserpaares, das sonst in einem recht regen Briefverkehr stand. Da der Kaiser Schiffsreisen verabscheute, reiste er in Zivil mit der Bahn nach Cap Martin, wo er einige Tage mit seiner Frau verbrachte. Die Hofdame Irma Sztáray berichtet, dass diese Treffen sehr harmonisch verliefen, man machte Ausflüge oder frühstückte gemeinsam im Hotel, einmal besuchte Kaiser Franz Joseph sogar das Casino in Monte Carlo. Während diese gemeinsame Zeit wenig anstrengend verlief, setzte die Kaiserin nach der Abreise ihres Gatten ihr gewohntes Leben fort, dessen Strapazen vor allem in stundenlangen Gewaltmärschen ohne Rücksicht auf die Begleiter und langen Schifffahrten mit ihrer Jacht im Mittelmeer bestanden.

Im Jahre 1894 trat Irma Gräfin Sztáray an die Stelle von Marie Festetics, die den körperlich strapaziösen Dienst nicht mehr ertragen konnte. Gräfin Sztáray und die anderen ungarischen Hofdamen waren die Vertrauten der Kaiserin in ihren letzten Lebensjahren, und die Gräfin war auch beim tödlichen Attentat auf die Kaiserin anwesend. 1894/95 kurte Sisi gemeinsam mit ihren Hofdamen in Bartfeld/Bardejov im damaligen ungarischen Komitat Sáros, heute in der Ostslowakei. Dann traf sie mit ihrer Dichterfreundin, der rumänischen Königin Elisabeth (1843–1916), deren Pseudonym Carmen Sylva lautete, in Ischl zusammen, fuhr wieder zur Kur, diesmal in Aix-les-Bains, reiste über Genf/Genève und Territet nach Gödöllő und schließlich nach Wien.

1896 nahm sie ein letztes Mal an einem öffentlichen Repräsentationstermin teil, der ungarischen Millenniumsfeier, bei der man in einem großen nationalen Fest der *Landnahme*, also der Ankunft der Magyaren in der Pannonischen Tiefebene im frühen Mittelalter, gedachte. Elisabeth war bei der Zeremonie, wie immer in ihren späten Jahren, vollkommen in Schwarz gekleidet und wurde aufgrund ihrer fast regungslosen Haltung von den Beobachtern ganz zur *Mater dolorosa* stilisiert. «Mir ist, als wäre ich selber tausend Jahre alt», soll sie danach gesagt haben.

Auch 1897/98 war ihr Reisepensum gewaltig, sie fuhr von Biarritz an der Atlantikküste an die Französische Riviera, nach Ungarn, Bayern, Bad Ischl und Bad Kissingen. Ihre letzte große Fahrt begann am 16. Juli 1898 in Bad Ischl. Elisabeth fuhr über München zu den Stätten ihrer Kindheit, um dann in das von ihr öfter besuchte Territet zu reisen und am 9. September in Genf im Hotel *Beau Rivage* abzusteigen. Einen Tag später sollte ihre Odyssee ein Ende finden.

Tod durch einen Anarchisten

Wie es Marie Valerie und Irma Sztáray schildern, hatte Sisi in ihren letzten Lebensjahren vermehrt Todessehnsucht geäußert. Diese war auch Thema in ihren Gedichten, muss dort allerdings im Rahmen der allgemeinen melancholischen Strömungen des ausgehenden 19. Jahrhunderts betrachtet werden. Überliefert ist weiters, dass sie ein langes Dahinsiechen fürchtete und sich einen plötzlichen Tod wünschte – dieser Wunsch sollte in Erfüllung gehen. Auf ihrer letzten Reise kam die Kaiserin von einer Kur in Bad Nauheim und einem kurzen Besuch in Bad Homburg vor der Höhe am 9. September 1898 an den Genfer See. Genf war, wie sie selbst sagte, ihr «liebster Aufenthalt, weil ich da ganz verloren gehe unter den Kosmopoliten.» Demgegenüber sah man in der kaiserlichen Familie Gefahren in der Schweiz lauern, die damals eine relativ großzügige Politik gegenüber den aus

Italien geflüchteten Anarchisten betrieb, und selbst Elisabeth spielte in einem Gedicht darauf an:

> «Schweizer, Ihr Gebirg ist herrlich!
> Ihre Uhren gehen gut;
> Doch für uns ist höchst gefährlich
> Ihre Königsmörderbrut.» (Hamann 158)

Am Genfer See besuchte sie in Begleitung ihrer Hofdame Irma Sztáray die Baronin Julie Rothschild (1830–1907), die Gemahlin von Adolphe Rothschild (1823–1900), auf ihrem Anwesen *Château de Pregny*. Der Schilderung der Hofdame zufolge unterhielten sich die Damen angeregt in französischer Sprache, und beim Diner – während dessen ein verstecktes italienisches Orchester spielte – aß die Kaiserin mit großem Appetit. Bei diesem Aufenthalt soll, so Irma Sztáray, Elisabeth den Ausspruch «Je voudrais que mon âme s'envolât vers le ciel par une toute petite ouverture de mon cœur» (Ich wünschte, meine Seele könnte durch eine ganz kleine Öffnung in meinem Herzen in den Himmel entgleiten) getätigt haben, dem Sztáray die Bedeutung einer Vorahnung zuschrieb.

Das Attentat

Am nächsten Tag, dem 10. September, brach die Kaiserin kurz nach 13 Uhr vom Hotel *Beau Rivage* in Genf, wo sie unter dem Pseudonym Gräfin von Hohenembs abgestiegen war, auf, um mit dem Eilschiff *Genève* nach Montreux zu fahren. Obwohl sie inkognito reise – selbst eine Überwachung zu ihrer Sicherheit hatte Elisabeth wie stets abgelehnt –, war ihre Anwesenheit bekannt geworden, und ihr Logis wurde namentlich in einer Genfer Zeitung vermeldet. Wie die Nachricht dorthin gelangt war, blieb ungeklärt.

Auf dem Weg vom Hotel zur Anlegestelle des Bootes fiel der Hofdame, die genau über den Vorfall berichtete, ein Mann auf, der hinter einem Baum hervorsprang und zum nächsten lief. Er rannte auf die Kaiserin zu und stieß sie gegen die Brust – Sztáray dachte ursprünglich, er habe sie mit der bloßen Faust angegriffen. Elisabeth sank zu Boden, konnte aber mit der Unterstützung der Hofdame und eines Kutschers wieder aufstehen, dankte für die Hilfe und ging rasch etwa 100 Schritt auf das Schiff, das planmäßig um 13.40 Uhr ablegte. Auf dem Boot sprach Sisi von Brustschmerzen. Mit den Worten «Was ist denn jetzt mit mir geschehen?» sank sie zurück und verlor das Bewusstsein. Als Irma Sztáray das Mieder öffnete, erkannte sie einen dunklen Fleck in der Nähe des Herzens und, als sie das Hemd beiseiteschob, eine kleine dreieckige Wunde.

Das Schiff kehrte um und legte nahe am Hotel an, wohin man die Kaiserin auf einer improvisierten Tragbahre brachte. Um 14.40 Uhr konnte jedoch dort nur mehr ihr Tod festgestellt werden. Die Tatwaffe, eine dreieckige, sehr scharfe Feile, an der ein provisorischer Griff angebracht war, hatte eine 85 mm tiefe Stichwunde hinterlassen, die den Herzbeutel getroffen hatte. Offensichtlich hatte Elisabeth durch die kleine Wunde und die Schnürung des Mieders sehr langsam Blut verloren, sodass sie noch einige Zeit völlig normal agieren konnte.

Luigi Lucheni

Der Mann, der die Kaiserin attackiert hatte – zu diesem Zeitpunkt wusste man von den tödlichen Folgen noch nichts –, lief weg und wurde wenig später von Passanten angehalten und festgenommen. Es gibt ein oft abgebildetes Foto, das ihn fröhlich grinsend zwischen zwei Gendarmen zeigt. Wie sich herausstellte, hieß der anarchistische Attentäter Luigi Lucheni (1873–1910), der ursprünglich König Umberto I. (1844–1900) töten wollte. Da ihm das Geld für die Reise nach Italien fehlte, suchte er sich ein Opfer in der Schweiz, Prinz Henri Philippe d'Orléans (1867–1901). Dieser Verwandte des ehemaligen französischen Königshauses sowie Thronprätendent, Forschungsreisender und Fotograf war allerdings nicht nach Genf gekommen. Lucheni kannte die Kaiserin von Bildern – und vielleicht von einer Reise, die ihn auch nach Budapest geführt hatte – und änderte aufgrund der Nachricht von ihrem Aufenthalt im *Beau Rivage* seine Absichten.

Elisabeths Mörder war der Sohn einer italienischen Arbeiterin aus der Gegend von Parma, Luigia Lacchini, die von dem Sohn eines Großgrundbesitzers schwanger geworden und nach Paris geflohen war, wo ihr Kind zur Welt kam. Dabei wurde der Name durch eine Fehlschreibung der französischen Behörden in Lucheni verändert. Er wuchs im Waisenhaus und bei Pflegefamilien auf und musste schon als Kind hart arbeiten. 1896 war er als italienischer Soldat am Abessinienfeldzug beteiligt, wobei der Militärdienst die beste Zeit seines Lebens gewesen zu sein scheint. Zwar wurde er danach Diener in einer adeligen Familie in Palermo, konnte aber in der Gesellschaft nicht Fuß fassen. Schließlich in Genua angelangt, schloss er sich einer Gruppe von Feinden der Monarchie an und wanderte mit einigen von ihnen in die Schweiz aus, die, wie schon erwähnt, damals eine sehr liberale Politik gegenüber den Anarchisten betrieb. Wie bei vielen anderen waren die Wahrnehmung der Armut der Unterschichten und sein eigenes Scheitern in der Gesellschaft der Anlass für den Hass auf die Reichen, der ideologisch im Anarchismus der Tat – mit der Forderung, die Symbolfiguren des herrschenden Systems umzubringen – unterstützt wurde. Als Lucheni nach seiner Verhaftung erfuhr, dass sein Attentat, für das er aus Geldmangel nur ein selbst konstruiertes Werkzeug hatte verwenden können, gelungen und die Kaiserin tot war, bekannte er sich triumphierend und stolz zu seiner Tat. Nach seinem Motiv gefragt, soll er geantwortet haben: «Perché sono anarchico. Perché sono povero. Perché amo gli operai e voglio la morte dei ricchi» (Weil ich Anarchist bin. Weil ich arm bin. Weil ich die Arbeiter liebe und mir den Tod der Reichen wünsche). In einem Brief, den er unmittelbar nach seiner Verhaftung schrieb, bekräftigte er sein Motto «Chi non lavora non mangia» (Wer nicht arbeitet, soll auch nichts essen) und setzte stolz unter seine Unterschrift die Worte «Anarchico convintissimo» (überzeugtester Anarchist).

Lucheni wollte nach Italien ausgeliefert werden, wo die Todesstrafe – anders als im Schweizer Kanton Genf – noch existierte, vermutlich mit der verrückten Idee, durch seine Hinrichtung zum Märtyrer der Anarchistenbewegung zu werden. In einem

Prozess im November 1898 wurde er jedoch in Genf zu lebenslanger Haft verurteilt, und es wurde angenommen, dass er ein Einzeltäter war. Verschiedene Verschwörungstheorien erwiesen sich auch später bei näherer Überprüfung als haltlos. Schließlich erhängte sich Lucheni in einer Einzelzelle am 19. Oktober 1910. Sein Kopf wurde abgetrennt und von der Schweiz an Österreich-Ungarn übergeben. Bis 2000 befand er sich im Pathologisch-anatomischen Bundesmuseum im sogenannten Narrenturm im Alten Allgemeinen Krankenhaus Wien. Die Tatwaffe wurde ebenfalls nach Wien gebracht und ist heute im Sisi-Museum in der Wiener Hofburg ausgestellt.

Begräbnis und Nachlass

Die Nachricht vom Tod der Kaiserin verbreitete sich per Telegraf rasch, schon am gleichen Tag wurde in Wien eine Extra-Ausgabe der *Neuen Freien Presse* mit der Überschrift «Die Kaiserin ermordet» gedruckt. Wenig später, um 17.25 Uhr, überbrachte Eduard Graf Paar (1837–1919) Franz Joseph die Depesche mit der Nachricht von der Ermordung. Während die Zeitungen von der Bestürzung des Kaisers schrieben, sprechen Berichte aus der näheren Umgebung davon, dass er – ebenso wie beim Selbstmord seines Sohnes – ruhig und beherrscht blieb, was sicher mit der Idealvorstellung der *Contenance*, die das 19. Jahrhundert beherrschte, zusammenhängt. Dabei soll er zum Grafen Paar den Satz «Sie wissen gar nicht, wie ich diese Frau geliebt habe» gesagt haben. Am 16. September 1898 publizierte der Kaiser ein Manifest *An meine Völker*, in dem er zu Elisabeths Tod Stellung nahm. Es heißt dort:

«Die schwerste, grausamste Prüfung hat Mich und Mein Haus heimgesucht. Meine Frau, die Zierde Meines Thrones, die treue Gefährtin, die Mir in den schwersten Stunden Meines Lebens Trost und Stütze war – an der Ich mehr verloren habe, als Ich auszusprechen vermag, ist nicht mehr. Ein entsetzliches Verhängnis hat sie Mir und Meinen Völkern entrissen.

Eine Mörderhand, das Werkzeug des wahnsinnigen Fanatismus, der die Vernichtung der bestehenden gesellschaftlichen

Ordnung sich zum Ziel setzt, hat sich gegen die edelste der Frauen erhoben und in blindem, ziellosem Haß das Herz getroffen, das keinen Haß gekannt hat und nur für das Gute geschlagen hat.»

Elisabeths Leiche kam am 15. September um 22.00 Uhr in Wien an. Schon auf dem Weg durch die Schweiz und Österreich hatten sich lokale Trauerkundgebungen gebildet. Sie wurde vom Kaiser und einer großen Zahl von Menschen empfangen, darunter der Obersthofmeister, zwei Palastdamen der Garnison, Hofgeistlichkeit, Offiziere, Hofgefolge und eine Ehrenkompanie ohne Musik. In der Hofburg fand die Einsegnung statt, die Schlüssel zum Sarg wurden an den ersten Obersthofmeister übergeben.

Am nächsten Tag ab 8 Uhr morgens war die Kaiserin im Schaubett – allerdings im geschlossenen Sarg – in der Hofburgkapelle aufgebahrt, ein übliches Ritual *(bed of state)*, wobei der geschlossene Sarg damit zusammenhängen dürfte, dass man den Wunsch der Kaiserin, nicht mehr öffentlich gesehen zu werden, auch nach ihrem Tod respektierte. Laut Zeitungsberichten waren auf dem Schaubett die Kaiser- und Königskrone, der Erzherzogshut und die Insignien des Sternkreuzordens u. a. neben einem Paar weißer Handschuhe und einem Fächer auf schwarzen goldbortierten Samtpolstern ausgelegt und beim Sarg Ehrenposten der Leibgarde aufgestellt. Geistliche, Kammerdiener, Türhüter und Leiblakaien beteten im Schiff der Kirche, die Kämmerer und Sternkreuzordensdamen im geheimen Raths-Oratorium.

Am 17. September fand das feierliche Leichenbegängnis statt. In einem Zug, an dem der Hof und das Militär teilnahmen, bewegte man sich vom Inneren Burgplatz über den Michaeler- und Josephsplatz durch die Augustiner- und Tegetthoffstraße zu den Kapuzinern auf dem Neuen Markt, wo der Leichnam der Kaiserin beigesetzt wurde. Für die letzte Einsegnung und Leichenfeier war eine genaue Sitzplatzordnung in der Kapuzinerkirche festgelegt worden. Der Sarg steht heute auf einem kleinen Podest gemeinsam mit den Särgen Franz Josephs und ihres Sohnes Erzherzog Rudolf im vorletzten Raum der Kapuzinergruft.

Sisis Testament offenbarte, dass sie, wie Marie Valerie feststellte, ein «erschreckend großes Vermögen» von über 10 Millionen Gulden hinterlassen hatte. Da sie von Franz Joseph eine jährliche Apanage von 300 000 Gulden erhalten und dieser zudem alle ihre Extraausgaben finanziert hatte, hatte sie das verbleibende Geld gewinnbringend in der Schweiz anlegen können. Davon erhielten ihre beiden Töchter je zwei Fünftel und ihre Enkelin (die Tochter Rudolfs) ein Fünftel. Marie Valerie erbte zusätzlich die Hermesvilla und Gisela das Achilleion auf Korfu. Den Nachlass der Kaiserin ordneten Ida Ferenczy und Marie Valerie, wobei sehr wichtige Dokumente – u. a. der letzte Brief Rudolfs vor seinem Tod – vernichtet wurden, ein schwerer Schlag für die Historikerinnen und Historiker der kommenden Generationen.

Das Erbe der Kaiserin lag aber nicht nur in den Besitzungen, die sie hinterließ. Ein besonderes Vermächtnis übergab Elisabeth den «Zukunftsseelen», wobei ihre komplizierten Verfügungen zeigen, wie misstrauisch sie gegenüber ihrer Umgebung und ihren Zeitgenossen geworden war. Sie vermachte 1890 mehreren Personen ihres Vertrauens – laut Marie Larisch waren dies sechs – je eine versiegelte Kassette mit der Auflage, diese 60 Jahre danach dem *Herrn Presidenten der Schweitzer Eidgenossenschaft Bern* auszuhändigen und bis dahin verschlossen zu halten. Erst als Mitte des 20. Jahrhunderts zwei der Kassetten – die eine stammte aus dem Nachlass Carl Theodors und befindet sich heute im Bundesarchiv Bern, die andere aus dem Besitz des Obersthofmeisters Rudolf von Liechtenstein, sie gelangte auf Umwegen in die Österreichische Akademie der Wissenschaften – geöffnet wurden, sah man, was sie enthielten. Es waren von der Kaiserin verfasste und heimlich gedruckte Gedichte aus den 1880er Jahren, denen ein Brief an die Nachwelt, von der sie sich mehr Verständnis als von ihren Zeitgenossen erwartete, beigelegt war:

«Liebe Zukunftsseele! Dir übergebe ich diese Schriften. Der Meister hat sie mir dictiert, und auch er hat ihren Zweck bestimmt, nämlich vom Jahre 1890 an in 60 Jahren sollen sie veröffentlicht werden zum besten politisch Verurteilter und deren hilfebedürftigen Angehörigen. Denn in 60 Jahren so wenig wie heute werden Glück und Friede, das heisst Freiheit auf unserem kleinen Stern heimisch sein. Vielleicht auf einem Andern? Heute vermag ich Dir diess nicht zu sagen, vielleicht wenn Du diese Zeilen liest – mit herzlichem Gruss, denn ich fühle Du bist mir gut, Titania

geschrieben im Hochsommer des Jahres 1890 und zwar im eilig dahinsausenden Extrazug.»

Gedichte für die Nachwelt als Spiegel der Persönlichkeit und des Lebens

Literarische Ambitionen

Elisabeths Gedichte, die erst lange nach ihrem Tod bekannt und 1984 von Brigitte Hamann herausgegeben wurden, stammen aus den Jahren 1885 bis 1888, nehmen aber auch auf viele frühere Ereignisse Bezug, sind also eine Mischung aus Tagebuch und Memoiren. Sie gelten nicht als literarische Meisterwerke, geben aber tiefe Einblicke in die Persönlichkeit der Kaiserin und ihr Umfeld, allerdings in einer doppelten Brechung. Einerseits entstand durch die Form des Gedichtes mit all den Metaphern und Bildern dieser Gattung ein Text, der von einem nüchternen Tagebuch weit entfernt ist, andererseits hat sich die Verfasserin – bei aller Offenheit, die aus diesen Reimen spricht – in einigen Bereichen offensichtlich bewusst unklar geäußert und nicht alle ihre Gefühle und Geheimnisse preisgegeben. Das dichterische Schaffen begann 1885 bei einem Kuraufenthalt wegen Schmerzen am Ischias in Amsterdam und Zaandvoort, als sich die Kaiserin nach Aufgabe des exzessiven Reitsports neben dem Reisen und ihrer Begeisterung für Griechenland mit der Dichtkunst eine neue intensive Beschäftigung suchte. Was das Ende dieser literarischen Periode im Winter 1888/89 betrifft, so wird man nicht fehlgehen mit der Annahme, dass die Tragödie von Mayerling als einschneidendes Ereignis dafür ein wesentliches Motiv war. Der Hauptbestand dieser gereimten Memoiren wurde in zwei Bändchen als *Nordseelieder* und als *Winterlieder* vor 1888 gedruckt, allerdings ohne Autornamen und ohne jemals an eine Öffentlichkeit gelangt zu sein; die letzten Gedichte sind nur handschriftlich überliefert.

Inspiriert beim Dichten wurde die Kaiserin, die bereits in ihrer Jugendzeit Verse geschrieben hatte, von ihrem großen Vorbild Heinrich Heine. Schon ihr Vater, Herzog Max, hatte eine Vorliebe für den deutschen Dichter entwickelt, doch war seine und Sisis Begeisterung damals keineswegs eine Selbstverständlichkeit, war sie doch gegen den Strom der Zeit gerichtet. Heine war ein Kritiker Deutschlands, ein Revolutionär, ein Freund von Marx und Engels sowie Jude und somit in dieser Zeit antisemitischen Angriffen ausgesetzt – vor allem ab den 1880er Jahren wurde Heine als jüdischer Dichter in der deutschen Literaturgeschichte marginalisiert. Elisabeth verehrte den «Meister» inbrünstig, sie behauptete sogar, dass sie ihre Inspirationen direkt von seinem Geist bekäme und dass er ihr im Traum persönlich erschienen sei. Elisabeths *Nordseelieder* und *Winterlieder* rezipieren deutlich das Vorbild Heines, auf dessen *Reisebilder*, in dem es auch einen Abschnitt *Nordsee* gibt, der erste der Gedichtbände anspielt.

An zwei Denkmälern Heines – denen beiden ein wenig erfreuliches Schicksal widerfuhr – hatte die Kaiserin entscheidenden Anteil. Für ihren angebeteten Dichter ließ sie in Korfu, im Park des Achilleion, 1891 ein Denkmal von dem dänischen Bildhauer Louis/Ludwig Hasselriis (1844–1912) errichten, der eine lebensgroße Statue Heines in einem kleinen Tempel der Gartenanlage schuf. Nach dem Verkauf des griechischen Refugiums 1907 durch Gisela an den deutschen Kaiser Wilhelm II. (1859–1941) ließ dieser das Denkmal unter dem Jubel der deutschnationalen Presse im Kaiserreich entfernen. Es landete schließlich im Jardin de Mourillon in Toulon in Frankreich. Schon Ende der 1880er Jahre hatte Sisi finanziell sowie mit einem Spendenaufruf ein Projekt des Heine-Komitees unterstützt, das in der Geburtsstadt des Dichters, in Düsseldorf, ein Monument für ihn gestalten wollte. Vom Berliner Bildhauer Ernst Herter, von dem auch die namensgebende Statue vor der Hermesvilla in Wien stammte, waren dafür zwei Entwürfe geliefert worden. Einer stellte Heine auf einem Postament sitzend dar, der andere griff das Lorelei-Motiv als Brunnen auf. Doch selbst der ‹harmlosere› Lorelei-Brunnen konnte nicht gegen den Widerstand der Nationalen und Antisemiten durchgesetzt werden. Auf Initiative eines deutschen Vereins wurde der Brunnen später in New York errichtet, wo sich jedoch auch kein zentraler Platz für das 1899 enthüllte Denkmal fand. Es befindet sich im Joyce-Kilmer-Park, hinter dem Baseballstadion der New York Yankees in der South Bronx und ist heute in einem wenig guten Zustand.

Die Kaiserin hatte sich intensiv mit Heines Werk und Leben beschäftigt, sogar seine damals noch lebende Schwester besucht, Manuskripte und Porträts des Meisters gesammelt und in Paris an seinem Grab gebetet. Elisabeth, die schon immer, ganz im Trend der Zeit, einen Hang zum Okkulten gezeigt hatte und dabei von ihrer Münchener Jugendfreundin und Spiritistin Gräfin Irene Paumgarten (1839–1892) beeinflusst wurde, entwickelte in den späten 1880er Jahren laut Marie Valerie einen zunehmenden «Totencultus». In spiritistischen Sitzungen trat sie mit Heine in Kontakt. Offensichtlich sah sie in der unangepassten Gestalt des Dichters einen Seelenverwandten, von dem sie sich verstanden fühlte, während ihr Mann ihr Schwärmen und ihre literarischen Tätigkeiten als «Wolkenkraxelei» abtat.

Weitere Lieblingsdichter der Kaiserin waren William Shakespeare (1564–1616), vor allem liebte sie seinen *Sommernachtstraum*, und der große griechische Epiker Homer, den sie sich auf Altgriechisch vorlesen ließ. Unter den zeitgenössischen Autoren bevorzugte sie den damals viel gelesenen Amerikaner Henry Longfellow (1807–1882) sowie den englischen Abenteuerschriftsteller Sir Henry Rider Haggard (1856–1925), dessen Protagonistin aus *She. A History of Adventure* Elisabeth speziell faszinierte.

Angeregt zum Dichten wurde die Kaiserin besonders durch den Kontakt mit einer Schriftstellerin, die sie 1884 in Budapest kennengelernt hatte und die ihr aus unterschiedlichen Gründen sehr nahe war: Prinzessin Elisabeth zu Wied, die mit Karl Eitel Friedrich von Hohenzollern-Sigmaringen (1839–1914) verheiratet war und nach dessen Krönung zum rumänischen König Karl I. 1881 Königin wurde. Schon davor hatte diese zu dichten begonnen und verfasste unter dem Pseudonym *Carmen Sylva* Gedichte, Märchen und Romane. Diese wurden veröffentlicht, was sie von Elisabeths literarischer Produktion unterschied. Die dichtende Königin bestärkte Sisi im Schreiben, das sie ihr als eine Art Ventil für ihre negativen Gefühle empfahl.

Einige der Texte Sisis sind unmittelbar auf Ereignisse im persönlichen Umfeld bezogen, andere arbeiten mit Metaphern und charakterisieren die Personen mit Tiernamen, so verwendet Elisabeth etwa für sich selbst die Bezeichnung Delphin oder Möwe, für Ludwig II. Adler und Schwan. Viele Gedichte greifen auf den *Sommernachtstraum* zurück, in ihnen identifiziert sich die Kaiserin mit der Feenkönigin Titania, Franz Joseph nennt sie Oberon wie den Elfenkönig und gelegentlich bezeichnet sie ihn, wie alle ihre Verehrer, auch als Esel. Die poetischen Memoiren der Kaiserin behandeln eine Vielzahl an Themen. Ein Hauptmotiv ist die Natur, wobei das Meer, aber auch die Berge und Täler, etwa die des Salzkammergutes, eine zentrale Stellung einnehmen. Verschiedene Orte und Gegenden werden beschrieben, und in der Sehnsucht nach Landschaften finden sich – insbesondere im Hinblick auf Griechenland – mythologische Anklänge. Zahlreiche Verse beschäftigen sich mit dem jeweiligen Zustand der Psyche der Autorin, sie thematisieren ihre Schwierigkeiten mit sich selbst und der Umwelt, oft auch ihre Depressionen und Todessehnsucht. Grundmotiv ist das Verlangen nach Freiheit, das das folgende, oft zitierte Gedicht aus ihrer Verlobungszeit 1853 vielleicht am besten ausdrückt, mit dem 1887 die *Winterlieder* eingeleitet wurden:

«O Schwalbe, leih' mir deine Flügel,
O nimm mich mit ins ferne Land.
Wie selig sprengt' ich alle Zügel,
Wie wonnig jedes fesselnd' Band!
Und schwebt' ich frei mit dir dort oben
Am ewig blauen Firmament,
Wie wollte ich begeistert loben
Den Gott, den man die Freiheit nennt.» (Hamann 143)

Das Verhältnis zum Kaiser

Einen guten Einblick geben die Gedichte auch in Elisabeths soziale Beziehungen, ihre Ehe und ihr Verhältnis zu den Verwandten, mit einer oft beißend kritischen Charakterisierung von Mitgliedern der Familie. Schonungslos beschreibt sie das Verhältnis zu ihrem Mann.

> «Lass' mich allein, lass' mich allein
> Für mich ist's jetzt das Beste;
> Das Ganze kann's doch nie mehr sein;
> Zu wenig sind mir Reste.» (Hamann 135)

Die Konsequenzen ihrer erkalteten Liebe beschreibt sie noch drastischer.

> «Nur staune nicht, wenn beim Verrichten
> Nach altem Patriarchenbrauch
> Der legitimen Ehepflichten
> Dich streift ein eisigkalter Hauch.» (Hamann 106)

Der Ausweg aus dieser zerrütteten Ehe war für Sisi gewesen, die Beziehung Franz Josephs zur Hofschauspielerin Katharina Schratt, die 1885 begonnen hatte, zu fördern, was ihr mehr Spielraum im Reisen und bei der Abwesenheit vom Hof gab. Allerdings offenbaren ihre Gedichte auch eine andere Seite, denn Katharina Schratt kommt bei Elisabeth keineswegs gut weg. Anknüpfend an ein Gedicht aus Heines *Buch der Lieder* vergleicht sie Franz Joseph mit dem indischen König Wiswamitra, der in eine Kuh verliebt war:

> «Da weckt sie lautes Rasseln
> Im Thal aus ihrer Ruh';
> Der König Wiswamitra
> Kehrt heim von seiner Kuh.
> O König Wiswamitra,
> O welch' ein Ochs bist du!» (Hamann 116)

Auch in einem anderen Gedicht, das ebenfalls auf Heine anspielt, der von einem Esel, welcher Disteln frisst, schrieb, macht sie sich über diese Beziehung lustig.

> «Was Ob'ron treibt, das kümmert nicht Titanien,
> Ihr Grundsatz ist: Einander nicht genieren.
> Frisst Einer Disteln gerne und Kastanien,
> Sie selber will sie ihm sogar off'riren.» (Hamann 360)

Die habsburgischen Verwandten

Besonders auffällig zeigt sich in ihren Gedichten Elisabeths Kritik an den habsburgischen Verwandten. Nur einige wenige Beispiele sollen dies hier illustrieren. So bezeichnet sie etwa ihre Schwiegertochter Stephanie von Belgien in einem Gedicht als «eine Kröte, gelb und dick» (Hamann 73). Äußerst scharf rechnet sie mit der Familie in den langen Gedichten *Familienmahl* und *Zu Oberons Wiegenfest* ab. Den jüngeren, vermutlich homosexuellen, sicherlich besonders intriganten Bruder des Kaisers, Erzherzog Ludwig Viktor («Luziwuzi»), beschreibt sie im *Familienmahl* folgendermaßen:

> «Erster zu erscheinen pflegt
> Ob'rons jüngster Bruder;
> (Und der große Erdball trägt
> Kein solch' zweites Luder).
>
> In dem kränklich schlaffen Leib
> Herrscht ein äffisch Wesen;
> Lügen ist stets Zeitvertreib
> Ihm und Pflicht gewesen.» (Hamann 148)

In die Schilderung des *Familienmahles* fließt Elisabeths Wissen um das Fehlverhalten einzelner Habsburger ein, das von ihr als Zeichen des Verfalls gedeutet wurde. Besonders Erzherzog Otto, der ein skandalträchtiges Leben führte und an Syphilis erkrankte, fand keineswegs die Sympathie der Kaiserin. Eines ihrer Gedichte bezieht sich auf eine makabre Episode, die in der Literatur abwechselnd ihm oder seinem Bruder, dem späteren Thronfolger Franz Ferdinand (1863–1914), zugeschrieben wird. Der Erzherzog soll 1887 in Ischl einem Leichenzug begegnet sein und den Priester gezwungen haben, den Sarg niederstellen zu lassen, da er beten wollte. Stattdessen sprang der Habsburger jedoch mit seinem Pferd über den Sarg hinweg (*Eine wahre Begebenheit*; Hamann 255 ff.). Weitere Skandale Erzherzog Ottos, bei denen er etwa im trunkenen Zustand die Bilder des Kaiserpaares aus dem Fenster schmiss oder seine Saufkumpanen ins Schlafzimmer seiner frommen Ehefrau Maria Josepha (1867–1944) führte, um ihnen «eine Nonne» zu zeigen, fanden Eingang in das Gedicht *Eine wahre Geschichte* (Hamann 161).

Sisi offenbart in manchen ihrer Verse nicht nur ihre Ansicht, dass es zu viele Habsburger gebe, die vom Volk erhalten werden mussten, sondern zieht – wie in der folgenden Strophe – aus den dekadenten Verhältnissen auch soziale Schlüsse:

> «Ihr lieben Völker im weiten Reich,
> So ganz im Geheimen bewundre ich euch:
> Da nährt ihr mit eurem Schweisse und Blut
> Gutmütig diese verkommene Brut!» (Hamann 163)

Hier kommen ihre Skepsis gegenüber der Monarchie, der sie den Untergang prophezeite, und ihre republikanische Gesinnung zum Tragen, die sich ebenso in anderen Quellen deutlich zeigt. Schon in den 1860er Jahren hatte sie in Ungarn ihren Sprachlehrer Miksa Falk mit der Frage überrascht, ob auch er der Meinung sei, «dass die einzig vernünftige Staatsform die republikanische ist?». In dem für ihre politischen Überzeugungen aufschlussreichen Gedicht *Mein Traum* schildert sie, wie sie als selbstkritischer Kaiser die Vertreter der Republiken zu Beratungen versammeln würde, um herauszufinden «was Völker glücklich macht». Dabei kommt sie zu folgender Lösung:

«Und sollten sie entscheiden,
Die Republik muss sein,
So willige mit Freuden
In ihren Wunsch ich ein.» (Hamann 145)

Politische Haltungen

Obwohl sich nach dem Ausgleich der unmittelbare Einfluss der Kaiserin auf die Politik vermindert hatte, zeugen ihre Verse davon, dass sie auch danach mit politischen Fragen konfrontiert war und sich Gedanken darüber machte. Ihre politischen Reflexionen sind in den Gedichten mit der Kritik an der Öde der Hofgesellschaft und den repräsentativen Pflichten vermischt. So schildert sie in einem langen Gedicht einen Hofball im Jänner 1887 und drückt darin nicht nur ihre Langeweile bei diesem Ereignis aus, sondern charakterisiert auch mit trefflicher Ironie einzelne Botschafter und einige hohe Aristokraten. Über den Vertreter des Osmanischen Reiches heißt es etwa:

«Servus, kleines Jammerwesen
Unter hohem roten Fez,
Bis Ihr nicht komplett verwesen,
Dürft Ihr zappeln noch indes.» (Hamann 156)

Auch die unmittelbaren Begegnungen mit Monarchen hinterließen ihre kritischen Spuren in Elisabeths Versen. Nach dem Besuch bei Königin Victoria auf der Isle of Wight 1874 verfasste sie ein längeres Gedicht, das an einer Stelle ihre Lustlosigkeit zeigt:

«Wie anders ist mein Nahen heute,
Wie geht's mir gegen die Natur!
Fürwahr mir macht es wenig Freude;
Um Ob'rons willen thu ich's nur.

Der Herrsch'rin dieses Inselreiches
Ihr soll heut' gelten mein Besuch,
Als hätten wir an Langweil gleiches
Nicht schon an unserm Hof genug.» (Hamann 241 f.)

Einer der vielen Gründe, weshalb Elisabeth den Wiener Hof zunehmend mied, war sicherlich ihre politische Orientierung, die häufig gegen die Politik der Habsburgermonarchie und somit ihres Mannes gerichtet war. Ihre antipreußische Haltung hatte einerseits mit dem Krieg zwischen Österreich und Preußen 1866 und andererseits mit dem Machtverlust Bayerns in der deutschen Einigung zu tun; es vermischten sich also familiäre und gesamteuropäische politische Probleme miteinander.

Ein weiterer Gegner Elisabeths und auch ihres Sohnes Rudolf war Russland. Im August 1885 trafen sich der russische Zar Alexander III. (1845–1894) und Kaiser Franz Joseph in Kremsier zu politischen Gesprächen, wo Elisabeth ebenfalls anwesend war. Die russische Zarenfamilie charakterisiert sie folgendermaßen:

«Ein Pavian thront als Höchster majestätisch
Im fremden Rock, gar ernst und gravitätisch;
Ein großes Tier aus Asias weitem Lande,
Fühlt er sich selbstbewusst trotz seiner Bande.
Die kleine Äffin, dem Gemal zur Seite,
Die knickst gar lieb auf all' die johlend' Leute.
Zwei Äfflein, wie der Vater wohlgelungen,
erscheinen auch als Militärs, die Jungen.» (Hamann 76)

Die ihrer Meinung nach fehlgeleitete Politik Franz Josephs fasst sie in einer Strophe des schon erwähnten Gedichts *Mein Traum* folgendermaßen zusammen:

«That schön den Russen, Preussen
Galt's meines Landes Wohl;
Ja auf den Kopf sie sch...n
Liess ich mir demutsvoll.» (Hamann 144)

Ludwig II.

Einer der wenigen Menschen, die in Elisabeths Gedichten positiv gezeichnet werden, ist Ludwig II. Bei einem Besuch im Juni 1885 auf der Roseninsel, wo sie sich öfters trafen, hinterließ sie ihm eine Nachricht, die an eine gemeinsame Bootsfahrt über den Starnberger See in Begleitung von Rudolph Rustimo erinnert.

> «Du Adler, dort hoch auf den Bergen,
> Dir schickt die Möve der See
> Einen Gruß von schäumenden Wogen
> Hinauf zum ewigen Schnee.
>
> Einst sind wir einander begegnet
> Vor urgrauer Ewigkeit
> Am Spiegel des lieblichsten Sees,
> Zur blühenden Rosenzeit.
>
> Stumm zogen wir nebeneinander
> Versunken in tiefe Ruh'…
> Ein Schwarzer nur sang seine Lieder
> Im kleinen Kahne dazu.» (Hamann 46 und 107)

Als einzige nicht von ihr stammende Verse übertrug die Kaiserin Ludwigs darauffolgende *Antwort von den Alpen* (Hamann 107) in ihre *Nordseelieder*. Nach dem Tod des bayrischen Königs meinte Elisabeth, in spiritistischem Kontakt mit ihm zu stehen, und sie beschäftigte sich in ihren Gedichten immer wieder mit seinem Selbstmord, wobei ihre eigenen Todessehnsüchte mitzuschwingen schienen.

Liebesleben

Großes Interesse der Biographinnen und Biographen der Kaiserin galt stets ihren Beziehungen zu Männern und im Konkreten ihrem Liebes- und Sexualleben. Elisabeth charakterisiert sich in ihren Gedichten – offenbar vor allem auf ihre erkaltete Liebe zu Franz Joseph Bezug nehmend – als beziehungsunfähig und sexuell abgeneigt. Für ihre erstarrten Gefühle wählt sie als Metapher die steinerne Plastik des Achill, mit dem sie in ihren Gedichten oft eine Art mystische Erotik verbindet.

> «Mein Lieb ist aus Stein,
> Mein Herz ist aus Stein,
> Kalt wie sein Marmor bin ich;
> Drum währt meine Lieb',
> Wie sein Bild so rein,
> Treu immer und ewiglich.» (Hamann 53)

oder

> «Für mich keine Liebe,
> Für mich keinen Wein;
> Die eine macht übel,
> Der andre macht spei'n!» (Hamann 80)

Dennoch spielt die Auseinandersetzung mit einigen Romanzen in ihren poetischen Memoiren eine gewisse Rolle. Zu Elisabeths Lebzeiten hatte der Tratsch über angebliche «Verhältnisse» der Kaiserin geblüht, die ihr vor allem mit Männern aus Ungarn, wie etwa Niki Esterházy oder Gyula Andrássy, aber auch mit Bay Middleton nachgesagt wurden. Sisi spricht sich dazu in ihren Gedichten nie klar aus, und die Intensität der Beziehungen kann, da andere Quellen fehlen, nicht eindeutig erschlossen werden. In der Forschung wird zumeist angenommen, dass sie nie über das Platonische hinausgingen und die Kaiserin nur das Spiel mit der Liebe sowie die Verehrung ihrer Person genoss. Gerne wird an dieser Stelle ihre Nichte Marie Larisch zitiert, die allerdings als eine der wenigen Sisis Gedichte kannte und vielleicht ihre Persönlichkeit in mancher Hinsicht anhand ihrer stark selbststilisierenden Verse interpretierte: «Elisabeth war in die Liebe verliebt, weil sie ihr das Lebensfeuer bedeutete. Sie betrachtete die Sensation, angebetet zu werden, als einen Tribut, der ihrer Schönheit zukam. Doch ihre Begeisterungen dauerten nie lange ...» In diesem Licht lässt sich das Gedicht *Das*

Kabinet betrachten. Darin zählt die Kaiserin als «Frau Ritter Blaubart» ihre Verehrer auf, deren Eselshäute sie als Trophäen sammelte. Zuerst wird auf Imre Hunyády Bezug genommen:

«Der erste war ein hübsches Tier,
Nur Ohren übers Mass,
Doch über seine Schönheit schier
Vergaß ich ganz auf das.

Ich hielt ihn mir im Tropenland,
Bekränzt ihn mit Granat;
Bananen frass er aus der Hand;
Doch wurd' ich ihn bald satt.» (Hamann 81)

Die zweite Strophe wird zumeist auf Gyula Andrássy bezogen, dort schreibt sie neben den Bemerkungen «der hat mir treu gedient» und «der hätt' Bestand verdient» von der Zeit, die sie «verkoseten zu Zweit». Das könnte als Hinweis auf eine sexuelle Beziehung interpretiert werden, gerade bei Andrássy betonte Elisabeth verschiedenen Personen gegenüber jedoch, dass diese treue Freundschaft «nicht durch Liebe vergiftet» war.

Ein amouröses Abenteuer der Kaiserin mit dem dritten im Gedicht genannten Verehrer ist auch durch seine persönlichen Berichte bekannt. Es war harmlos, zeigt aber, wie sehr sie sich über dessen eigentliche Bedeutung hinaus damit beschäftigte und in realitätsfernen Träumen darin verstrickte. Im Jahre 1874 besuchte Elisabeth, als gelber Domino verkleidet, heimlich einen Maskenball in Wien. Auf Vermittlung der sie begleitenden Ida Ferenczy kam sie mit dem jungen Beamten Fritz Pacher von Theinburg (1847–1934) ins Gespräch, in dem es u. a. um die Kaiserin ging, und verbrachte mit ihm auf dem Ball einen netten Abend. Obwohl sie glaubte, dass ihr Inkognito gewahrt blieb, dürfte Pacher bald ihre wahre Identität erraten haben. Elisabeth begann unter dem Namen «Gabriele» eine Korrespondenz mit ihm, die sie mit Hilfe einiger Vertrauter, wie etwa ihrer Schwester Marie, kompliziert übers Ausland führte, um ihn weiterhin in die Irre zu leiten. Als Pacher ihr schriftlich mitteilte, dass er sie für die Kaiserin hielt, brach Sisi den Briefwechsel abrupt ab. Vermutlich aus nostalgischer Erinnerung suchte sie 1885 erneut den Kontakt zu ihm, er zeigte an einer anonymen Korrespondenz jedoch kein Interesse mehr.

Während sie danach im *Kabinet* indigniert über ihn urteilt:

> «Der dritte, nein, war das ein Viech!
> Ein ganz gemeines Beast;
> Kahl war er auch, dazu noch schiech,
> Gehört nur auf den Mist.» (Hamann 82)

stilisierte sie die unverfängliche Begegnung in ihrer *Novemberphantasie* (Hamann 102 ff.) 1885 zu einem dramatischen Liebesabenteuer. Zwei Jahre später ließ sie Pacher auf einem Umweg über Brasilien das Gedicht *Das Lied des gelben Domino* (Hamann 54) zukommen, das sie in wehmütiger Erinnerung ebenfalls 1885 verfasst hatte. Seine poetische Antwort interessierte sie dann jedoch nicht mehr.

Der Ton ihrer Äußerungen im *Kabinet* über das vierte Eselsfell, Bay Middleton, «ein drolliger Gesell» (Hamann 81 f.), klingt ebenfalls etwas rüde, was nicht zuletzt mit dessen Hochzeit 1882 zusammenhängen mag. Selbst Franz Joseph wird in die Reihe der Verehrer, die Elisabeth enttäuschten, eingeordnet, bekommt aber einen besonderen Platz zugewiesen:

> «Schliesslich war er ein lieber Schatz
> Trotz alle dem Gefrett: –
> Drum hat er auch den Ehrenplatz
> In meinem Kabinet!» (Hamann 83)

Eine eigenartige Form von Verehrung, die man heute wohl als «Stalking» bezeichnen würde, fand Niederschlag in dem späten Gedichtszyklus *Titania und Alfred*. Im Jahre 1887/88 überschüttete Alfred Gurniak Edler von Scheibendorf die Kaiserin mit Liebesbeteuerungen und folgte ihr sogar nach Bayern und bis nach Rumänien. Sie blieb zwar kühl und ablehnend, gab ihm aber auch immer wieder kleine Huldbeweise, wie liegen gelassene Blumen, die ihn ermutigten. Ihre Gedichte, in denen sich die Kaiserin in Anlehnung an eine Gestalt aus Carmen Sylvas Dichtung auch Hexe Dämona nennt, spielen mit Liebesphantasien, verspotten jedoch zugleich den jungen Mann und offenbaren sogar sadistische Züge in ihrem Umgang mit ihm. Diese ‹Romanze› endete im Herbst 1888, vielleicht durch Einschreiten des Kaisers, da Alfred aufgrund finanzieller Sorgen Geld von Elisabeth gefordert hatte und sein Verhalten nicht unbemerkt blieb.

Sisi hatte mit ihrer Lebensführung zu ihrer Stilisierung beigetragen, mit ihren Gedichten wollte sie ihr Selbstbild der Nachwelt überliefern. Nach ihrem Tod entstand jedoch ein Mythos, der zunehmend an Eigendynamik gewann und weit über Elisabeths Selbststilisierung hinausgehen sollte.

Sisi als europäischer Erinnerungsort

Schon zu Sisis Lebzeiten hatte eine literarische und mediale Auseinandersetzung mit der Kaiserin stattgefunden, die zu Beginn ihrer Zeit am Wiener Hof durch die Neugier der Zeitgenossen angetrieben worden war und ganz in der Tradition der Panegyrik, der Gattung der Lobrede, für die Herrscherinnen gestanden hatte. Nachdem Elisabeth – nicht zuletzt aufgrund ihrer immer häufigeren Abwesenheit vom Hof – in späteren Jahren weniger beachtet worden war, wurde ihr dramatischer Tod zur Zäsur in der Wahrnehmung. Sisi trat wieder ins Zentrum der Aufmerksamkeit, und ihre Person unterlag in den verschiedenen Medien der Zeit nun verstärkt einer Legendenbildung, die sie allmählich zu einem «europäischen Erinnerungsort», einem «lieu de mémoire», werden ließ. Dieser Begriff ist im Sinne des französischen Historikers Pierre Nora (geb. 1931) zu verstehen, er umfasst nicht nur die topographische, sondern auch die nicht materielle Erinnerungskultur. Die «memoria», also das Gedenken an Menschen, erfährt damit eine Erweiterung, die durch verschiedene Interpretationen zu einer Mythologisierung beiträgt.

Denkmäler und Benennungen

Zwar waren noch zu Elisabeths Zeiten als Kaiserin Denkmäler für sie geschaffen worden, wie etwa das 1860 von Hans Gasser (1817–1868) gestaltete am Kaiserin-Elisabeth-Bahnhof (heute Wiener Westbahnhof) oder die Statue am Wiener Stephansdom von 1879, doch ungewöhnlich viele Monumente entstanden erst nach ihrem Tod. Das bedeutendste in Wien war das Elisabeth-Denkmal im Volksgarten (1907), das im secessionistischen Stil (der Wiener Variante des Jugendstils) die Kaiserin sitzend darstellt. Die Errichtung dieses Denkmals hat eine lange Vorgeschichte, denn das 1901 gegründete Komitee konnte sich weder über den Ort noch über die Gestaltung einigen. Wie Karl Kraus (1874–1936) kritisch anmerkte, besaß jeder andere Vorstellungen, welche von Elisabeths Eigenschaften betont werden sollte: Man konnte sie als Reiterin zu Pferd, majestätisch vorwärts schreitend, mit einem Heine-Band in der Hand oder auf einem Berggipfel verewigen. Letztlich setzte sich das Konzept des Architekten Friedrich Ohmann (1858–1927) aus dem Jahre 1903 durch, das die Denkmalanlage mit der Gartenarchitektur optimal verband. Einige Jahre davor war in Anwesenheit Franz Josephs ein Denkmal in Salzburg enthüllt worden (1901), diese Plastik zeigt Elisabeth stehend und stammt von Edmund Hellmer (1850–1935). Einer der Initiatoren, der auch großzügig dafür spendete, war Erzherzog Ludwig Viktor – Ironie des Schicksals, denn ihn hatte Sisi besonders verabscheut.

Viele Gedenkorte – allerdings sind wenige davon heute noch vorhanden – entstanden, wie zu erwarten, in Ungarn, wo mehr als 40 Denkmäler sowie 100 Gedenkparks und Wäldchen landesweit errichtet wurden. Die bekanntesten Memoriale befinden sich u. a. in Budapest in der Nähe der nach der Kaiserin benannten Elisabethbrücke (*Erzsébet híd,* 1904) sowie im Park von Gödöllő (1901), in Miskolcs (1899) und in Szeged, das ein riesiges Marmordenkmal (1907) besitzt.

Zahlreiche Monumente reflektieren die Stationen ihrer Reisetätigkeit. Nicht nur in Passau, auf Madeira und Korfu, auch in vielen Kurorten Sisis, wie etwa in Bad Kissingen, Meran, Bad

Gastein, Zandvoort, Franzensbad/Františkovy Lázně, Bardejov oder in Territet, wo sie in der Pose der Dichterin abgebildet ist, wurden Denkmäler geschaffen.

In Erinnerung an die Kaiserin erfolgten außerdem Benennungen von Straßen, Plätzen, Institutionen, Hotels, Eisenbahnen, Brücken und Schiffen. Wie in vielen Städten Österreichs trugen in Wien mehrere Straßen und Gassen ihren Namen, einige davon wurden jedoch nach 1918 umbenannt. Ebenso wurden in ihrer Geburtsstadt München und in Budapest Straßen und Plätze nach ihr benannt, in denen sich das Andenken an die Kaiserin manifestiert. In der heutigen Zeit existieren Sisi-Straßen auch virtuell, wie etwa auf einer touristischen Website, auf der unter diesem Namen eine Kulturroute angeboten wird, welche an die europäischen Stätten führt, «die im Leben der Monarchin eine große Rolle spielten».

Das literarische Bild Elisabeths – Entstehung eines Mythos

Einen umfassenderen und differenzierteren Interpretationsspielraum als die eben genannten Erinnerungsorte eröffneten zunächst die Druckmedien. Die ersten literarischen Quellen zur Kaiserin waren voll von traditionellem Herrscherlob, sie hoben die Frömmigkeit, Wohltätigkeit und Topoi wie den der Landesmutter, des Engels, der Heiligen, der Rose bzw. Rosenknospe oder der Musenfürstin hervor. Sisi wurde als schön, rein und heilig, als Feenkaiserin, Amazone und begnadete Dichterin charakterisiert. Parallel zu diesen frühen Bildern setzte jedoch rasch ein Personenkult ein, der durch ihre Selbststilisierung zur «schönen Kaiserin» und zur sich dem Hof entziehenden «rätselhaften Frau» beeinflusst und gelenkt wurde.

Für den literarischen Elisabeth-Mythos, der sich bald nach ihrem Tod entwickelte, waren die 1898 herausgegebenen Erinnerungen ihres Griechischlehrers Christomanos von großer Bedeutung, da sie eine starke Authentizität zu vermitteln schienen. Die Kaiserin wurde im Anschluss an ihre Selbststilisierung nach antikem Muster heroisiert und ästhetisiert, wie etwa in der fiktiven Grabrede von Gabriele d'Annunzio (1863–1938). Neben den Darstellungen als ungarische Nationalheilige und *Mater dolorosa* fand nicht nur eine Überhöhung zur Kunstfigur durch Camill Hoffmann (1878–1944) oder Peter Altenberg (1859–1919) statt, sondern auch eine literarische Auseinandersetzung mit ihrem Tod und mit der Konstellation Elisabeth – Lucheni, die besonders Mark Twain (1835–1910) faszinierte, der auch an Sisis Begräbnis in Wien teilnahm.

Noch lange nach dem Tod der Kaiserin zeigt sich in vielen Werken der Literatur ein moderner Personenkult um Elisabeth. In manchen der neueren Titel wird jedoch die historische Figur nicht dargestellt, sondern nur als Ausgangspunkt für verschiedene Assoziationen verwendet. Als extremes belletristisches Beispiel, das zeigt, auf welche Weise man Sisi mit einem anderen Thema, das gerade boomt, kombinieren kann, sei hier die «Horror-Persiflage» *Sissi, die Vampirjägerin, Scheusalsjahre einer Kaiserin* (2011) genannt. Mit ihrer historischen Persönlichkeit hat das denkbar wenig zu tun.

Die «wissenschaftliche» Beschäftigung mit Elisabeth

Die ersten Bücher zur Biographie der Kaiserin, von denen die meisten wegen der Zensur in der Habsburgermonarchie im Ausland erschienen, waren eine Mischung aus Zeitzeugenberichten und dem ‹historiographischen› Bemühen um die Lebensbeschreibung Elisabeths. Zu ihnen können in gewisser Weise auch die Texte von Christomanos oder die Erinnerungen der Gräfin Sztáray *Aus den letzten Jahren der Kaiserin Elisabeth* (1909) gezählt werden. Besondere Aufmerksamkeit, bedingt durch die Neugier auf die wahren Umstände der Tragödie von Mayerling, erregten die Memoiren von Sisis Nichte Marie Larisch-Wallersee, die in *My Past* (1913) das Bild der Kaiserin entzauberten, jedoch ebenfalls die Authentizität der persönlichen Nähe vermitteln konnten.

Die beiden frühen, romanhaften Biographien, *The Martyrdom of an Empress* (1899), vermutlich von Marguerite Cunliffe-Owen (1859–1927) anonym verfasst, und *Elizabeth, empress of*

Austria: a memoir (1899) von Edward Morgan Alborough de Burgh, beriefen sich auf Informationen aus erster Hand, und ihr Reichtum an Anekdoten und Interpretationen floss in die folgenden Lebensbeschreibungen ein. Während de Burgh die positive Gestalt der Kaiserin hervorhob und sie nach dem Tod ihres Sohnes zur *Mater dolorosa* stilisierte, thematisierte eine 1901 erschienene Darstellung der aus einem Schweizer Geschlecht stammenden norwegischen Bestsellerautorin Clara Tschudi (1856–1945) schon Elisabeths Zwiespalt zwischen der Rolle als Monarchin und ihrer individuellen Selbstverwirklichung. Alle diese Werke werden nicht zuletzt durch Reprintausgaben oder die Verfügbarkeit im Internet heute wieder rezipiert.

Die erste Biographie, die den Anspruch der Wissenschaftlichkeit weitgehend erfüllte, publizierte 1934 der Historiker und Erfolgsautor Egon Caesar Conte Corti: *Elisabeth. Die seltsame Frau* wurde ein Welterfolg, der bis heute 43 Auflagen erlebte und in neun Sprachen übersetzt wurde. Fast alle Hauptthemen der späteren Elisabeth-Forschung finden sich schon bei Corti, der neben Zeitzeugenberichten auch zahlreiche Quellen aus dem Nachlass der Familienarchive verwendete. Lange stand sein Werk allein, erst mit der 1981 erschienenen Biographie von Brigitte Hamann erfolgte eine neue Interpretation. Hamann baute nicht nur auf Cortis Werk auf, sondern bezog für ihre moderne Bewertung Elisabeths Gedichte mit ein, die ihr als Erste zur Verfügung standen. Manches von Hamanns interpretativen Ansätzen beruht auf der Biographie von Clara Tschudi, die allerdings nirgends genannt wird.

Weitere Literatur zum Thema folgte, die besonders im Jahre 1998 zum 100. Todestag der Kaiserin zu einer Blüte gelangte. Viele dieser Texte verwenden Elisabeth als Projektionsfläche ihrer panegyrischen, psychologisierenden oder feministischen Interpretation. Nur einige wenige Spezialforschungen, vor allem zum Nachleben und der Rezeption, nehmen neue Trends der Geschichtsforschung auf, indem sie auf die Konstruktion des Bildes, der Legenden und des Mythos sowie die Entstehung eines Erinnerungsortes eingehen. Eine umfassende Gesamtdarstellung zur Geschichte dieser Mythisierung fehlt jedoch noch.

Filme

Für die Entwicklung und Breitenwirkung eines Sisi-Kults waren Filme noch wichtiger als literarische und andere künstlerische Medien. Früh nahm sich das damals noch recht junge Medium Film des Themas an. 1920 wurde der Stummfilm *Kaiserin Elisabeth von Österreich* unter der Regie von Rolf Raffé mit Carla Nelsen als Sisi gedreht. Er berief sich auf die Authentizität seiner Darstellung, da Marie Larisch – die sich selbst als junge Frau mimte, obwohl sie über 60 war – dabei als Beraterin fungierte.

Weitere Filme folgten, wie etwa *Elisabeth von Österreich* (1931) mit Lil Dagover (1887–1980) in der Hauptrolle, doch nur einer davon wurde prägend für die Rezeption der Kaiserin. 1955 produzierte der Regisseur Ernst Marischka (1893–1963) den Film *Sissi* in einem glanzvollen historischen Ambiente. Die Rolle der Kaiserin besetzte er mit Romy Schneider (1938–1982), die mit ihrer Ausstrahlung diese Figur so formte, dass sie auch heute noch oft mit Sisi identifiziert wird. *Sissi* stand ganz in der Tradition der heiteren Nachkriegsfilme, die den Zuschauern in den entbehrungsreichen Jahren nach der Katastrophe des Zweiten Weltkriegs das Bild einer heilen Welt bieten wollten. Obwohl einige der Konflikte Elisabeths, wie etwa Missverständnisse zwischen dem Ehepaar, Kalamitäten mit der Schwiegermutter und Krankheit, angesprochen werden, gibt es, wie bei allen Filmen dieser Zeit, ein Happy End. Das Bild der jungen, natürlich agierenden und naturverbundenen Schönheit, das dieser Film entwarf, beeinflusste die Rezeption international in einem unglaublichen Ausmaß. Da der Film sich als ausnehmend erfolgreich erwies – er wurde schätzungsweise von 20 bis 25 Millionen Menschen gesehen –, folgten 1956 *Sissi – Die junge Kaiserin*, der mit der Krönung in Ungarn endet, sowie 1957 *Sissi – Schicksalsjahre einer Kaiserin*, der ihre Krankheit thematisiert.

Zwei berühmte Filme über das Schicksal ihres Cousins, des Bayernkönigs, zeigen die Kaiserin als Nebenfigur: *Ludwig II. – Glanz und Ende eines Königs* (1955) von Helmut Käutner (1908–1980) und *Ludwig II.* (1972) von Luchino Visconti

(1906–1976), in dem Romy Schneider erneut in die allerdings völlig anders angelegte Rolle Elisabeths schlüpfte. Weiter dekonstruiert wurde das *Sissi*-Bild Marischkas in den Filmen der letzten Jahrzehnte, von denen viele eher als Dokumentationen denn als Spielfilme anzusehen sind, wie etwa zuletzt *Sisi – und ich erzähle euch die Wahrheit* (2012). Dieser lässt Sisis Leben durch den kaiserlichen Leibarzt Dr. Hermann Widerhofer (1832–1901) Revue passieren und stellt Szenen der in 3-D konvertierten *Sissi*-Filme die ‹dunklen Seiten› einer überspannten Elisabeth gegenüber. Parallel dazu gibt es mit *Sisi und der Kaiserkuß* (1991) oder dem Animationsfilm *Lissi und der wilde Kaiser* (2007) Produktionen, die das Klischee der *Sissi*-Filme karikieren.

Musikalische Interpretationen

Wenig im Bewusstsein blieben Theaterstücke, doch die relativ junge Gattung des Musicals ist in der Sisi-Rezeption erfolgreich. Neben einem alten Singspiel von Hubert Marischka (1882–1959) und Fritz Kreisler (1875–1962), das in den Umkreis der Operette einzuordnen ist, gibt es eine Reihe jüngerer Musikproduktionen, die sich mit Elisabeth auseinandersetzen. Das 1992 im Theater an der Wien uraufgeführte Musical *Elisabeth* von Michael Kunze und Sylvester Levay stellt neben dem Kampf um die Freiheit vor allem die Macht des Todes als zentrales Thema in Sisis Leben dar. Einen Rückschritt in der Interpretation liefert mit stark historisch verklärenden Bildern *Sissi – das Musical* von George Amade, das 2008 in Nanjing uraufgeführt wurde und dem Duktus der *Sissi*-Filme folgt. Die jüngste musikalische Produktion ist das Ballett *Sissi* (2012) von Jörg Mannes mit Musik von Gustav Mahler, Arthur Honegger und Johann Strauß, in dem Elisabeths Schicksal mit dem ihrer Darstellerin Romy Schneider verwoben wird.

Museen

Wie sich das Gedenken an die Kaiserin von einer apologetischen Betrachtung zunehmend zu einer touristischen Vermarktung wandelte, zeigt sich besonders deutlich in Museen und Ausstellungen. Bereits 1908 war auf Anregung von Ida Ferenczy ein Gedächtnismuseum für Elisabeth in der ungarischen Krönungsresidenz eröffnet worden, das bis zum Zweiten Weltkrieg bestand. In den wichtigsten Aufenthaltsstätten der Kaiserin sollten im Laufe des vergangenen Jahrhunderts weitere Gedenkräume entstehen, in denen sie nicht nur mit Objekten und Porträts, sondern heute oft auch mit kitschigen Souvenirs vertreten ist. So gibt es etwa in ihrer Heimat Bayern mit dem Sisi-Museum in Possenhofen am Starnberger See oder der jährlich wechselnden Sisi-Sonderausstellung im Wasserschloss Unterwittelsbach Museen, die sich der Erinnerung an Elisabeth widmen. In der Wiener Hofburg wurde 2004 in unmittelbarer Nähe zu den Kaiserappartements ein eigenes Sisi-Museum geschaffen, das sich bei Touristen großer Beliebtheit erfreut. Neben der Hofburg können in Wien das Schloss Schönbrunn und die Hermesvilla mit erhaltenen Wohnräumen und zahlreichen Erinnerungsstücken einen authentischen Eindruck von Sisis Leben vermitteln. Die zum Wiener Kunsthistorischen Museum gehörige Wagenburg im Areal des Schlosses Schönbrunn offeriert einen eigenen *Sisi-Pfad,* in dem Kutschen aus dem Leben der Kaiserin – vom Einzugswagen bei ihrer Hochzeit über den goldenen Imperialwagen der ungarischen Krönung bis zum Leichenwagen, der sie in die Kapuzinergruft brachte – zusammengestellt wurden. Ein beliebter Gedenkort ist außerdem die Kaiservilla in Bad Ischl, die sich im Besitz der Familie Habsburg-Salvator befindet und deren Arbeits- und Wohnräume öffentlich zugänglich sind. Für Korfureisende findet sich im – heute nur mehr teilweise original erhaltenen – Achilleion ein kleines Museum im Andenken an Elisabeth.

Was macht Elisabeth zu einer Legende und einer Zentralfigur der Nostalgie?

Wie kaum eine andere historische Figur der Geschichte der Habsburgermonarchie eignet sich Elisabeth wegen ihrer ambivalenten Persönlichkeit, Selbststilisierung und tragischen Lebenskomponenten als Projektionsfläche für Literatur, Wissenschaft und Kunst, in der für die jeweilige Zeit gesellschaftlich relevante Themen widergespiegelt wurden und Legenden Platz fanden. Dabei vermischte sich das Bild der ‹modernen Frau› in der Mythologisierung Sisis mit dem der glanzvollen Zeit der Donaumonarchie, das viele Erwartungshaltungen erfüllen konnte. Je nach Zeitgeist und Gutdünken wurde die Kaiserin als *Femme fragile* des Fin de Siècle, rebellisches Naturkind, egozentrische Schönheitsikone, Feministin und Esoterikerin oder als depressives Wesen, für das man sogar eine eigene Krankheit, das «Sissi-Syndrom», erfand, stilisiert. Ein ähnlich von Mythen überlagertes Image offenbart sich bei Diana, Princess of Wales (1961–1997), zu deren Schicksal immer wieder Parallelen gezogen werden. Wie die medienwirksame Lady Di ist auch Sisi Objekt einer touristischen Vermarktung, die ein breites Publikum anzusprechen im Stande ist.

Beim Aufbau der Legende Elisabeth spielt die Geschichtsschreibung eine bescheidene Rolle. Belletristik, Erinnerungsorte und vor allem der Film haben die Kaiserin zu einer zentralen Figur für die späte Habsburgermonarchie gemacht. Hinter dem Personenkult um Sisi, Kronprinz Rudolf und Kaiser Franz Joseph verschwinden die realen Probleme ihrer Zeit, die schlimmen sozialen Zustände ebenso wie die nationalen Spannungen, die zum Ende der Monarchie führten – das Elisabeth im Gegensatz zu ihrem Ehemann vorausgesehen hatte.

Weiterführende Literaturhinweise

Amtmann, Karin: Elisabeth von Österreich. Die politischen Geschäfte der Kaiserin (Regensburg 1998)
Berger, Günther: Kaiserin Elisabeth-Denkmäler in Wien (Frankfurt/Main u. a. 2002)
Bestenreiner, Erika: Sisi und ihre Geschwister (München u. a. 2002)
Bokelberg, Werner/Hamann, Brigitte (Hg.): Sisis Schönheitenalbum. Private Photographien aus dem Besitz der Kaiserin Elisabeth (Die bibliophilen Taschenbücher 206. Dokumente der Fotografie, Dortmund 1980)
Bressan, Marina: Elisabetta d'Austria e l'Italia. Catalogo (Mariano del Friuli 2001)
Carizzoni, Pier G. (Hg.): Sissi. Elisabetta d'Austria l'impossibile altrove (Cinisello Balsamo 2000)
Christomanos, Konstantin: Tagebuchblätter. Erinnerungen des Hauslehrers von Kaiserin Elisabeth (Bibliothek der Erinnerung 4, Wien 2007)
Corti, Egon Caesar Conte: Elisabeth – «die seltsame Frau». Nach dem schriftlichen Nachlaß der Kaiserin, den Tagebüchern ihrer Tochter und sonstigen unveröffentlichten Tagebüchern und Dokumenten (Graz/Wien 43. Auflage 1998)
[Cunliffe-Owen, Marguerite]: The Martyrdom of an Empress (London, New York 1899)
De Burgh A.: Elizabeth, empress of Austria. A memoir (London 1899)
Die Ermordung Ihrer Majestät der Kaiserin und Königin Elisabeth in Genf am 10. September 1898. Wahrheitsgetreuer Bericht nebst kurzer Biographie und Schilderung der Ueberführung der Leiche, sowie Beisetzung derselben in der Kapuzinergruft (Wien u. a. 1898)
Egghardt, Hanne: Sisi's Kinder. Leben im Schatten einer exzentrischen Mutter (Wien 2011)
Exner, Lisbeth: Elisabeth von Österreich (rowohlts monographien 50638, Reinbek bei Hamburg 2. Auflage 2012)
Falk, Deborah: Melancholie – Aspekte der Depressionsforschung des 19. und 20. Jahrhunderts. Am Beispiel Kaiserin Elisabeths von Österreich (Norderstedt 2012)
Fazekas, István/Malfèr, Stefan/Tusor, Péter (Hg.): Széchenyi, Kossuth, Batthyány, Deák. Studien zu den ungarischen Reformpolitikern des 19. Jahrhunderts und ihren Beziehungen zu Österreich (Publikationen der ungarischen Geschichtsforschung in Wien 3, Wien 2011)
Fellner, Sabine: Morphium, Cannabis und Cocain. Medizin und Rezepte des Kaiserhauses (Wien 2008)
Fischer, Lisa: Schattenwürfe in die Zukunft. Kaiserin Elisabeth und die Frauen ihrer Zeit (Wien u. a. 1998)
Görlitz, Walter: Franz Joseph und Elisabeth. Die Tragik einer Fürstenehe (Stuttgart 1938)
Größing, Sigrid-Maria: Kaiserin Elisabeth und ihre Männer (Wien u. a. 1998)
Größing, Sigrid-Maria: Sisi – eine moderne Frau (Wien 2007)
Größing, Sigrid-Maria: Sisi und ihre Familie (Wien 2005)
Hamann, Brigitte/Hassmann, Elisabeth (Hg.): Elisabeth – Stationen ihres Lebens (Wien u. a. 1998)

Hamann, Brigitte: Elisabeth. Kaiserin wider Willen (Piper 30180, München u. a. 2012)
Hamann, Brigitte: Kaiserin Elisabeth. Das poetische Tagebuch (Fontes rerum Austriacarum 1. Abteilung, Scriptores 12, Wien 6. Auflage 2008)
Hamann, Brigitte: Kronprinz Rudolf. Ein Leben (Wien 2005)
Haslinger, Ingrid: Tafeln mit Sisi. Rezepte und Eßgewohnheiten der Kaiserin Elisabeth von Österreich (Eine Publikationsreihe der Museen des Mobiliendepots 26, Wien 2007)
Haslip, Joan: Sissi – Kaiserin von Österreich (Augsburg 1998, englische Ausgabe 1965)
Holler, Gerd: Sophie. Die heimliche Kaiserin. Mutter Franz Joseph I. (Wien u. a. 1993)
Kapoun, Regina: Auch ein Vermächtnis. Sisi in der Welt der Souvenirs. Ein ethnographischer Rundgang in Wiens Souvenirlandschaft (Dipl. Wien 2006)
Knappitsch, Evelyn: Die Kaiserin, ihr Mörder und das Attentat von Genf. Pressemediale (Nach-)Blicke auf Kaiserin Elisabeth in Wien um 1900 (Graz 2012)
Kosak,Tina/Anders, Friederike (Hg.): Sisi – Sisismus. Geschichte – Mythos – Gegenwart (Ausstellungskatalog) (Baden 1998)
Kugler, Georg: Franz Joseph und Elisabeth (Graz 1996)
Lichtscheidl, Olivia: Sissi auf Korfu. Die Kaiserin und das Achilleon (Wien 2012)
Lindinger, Michaela: Mein Herz ist aus Stein. Die dunkle Seite der Kaiserin Elisabeth (Wien 2013)
Lucchemi, Luigi: Ich bereue nichts! Die Aufzeichnungen des Sisi-Mörders (hg. von Santo Cappon) (Wien 1998)
Maikler, Carolin: Kaiserin Elisabeth von Österreich. Die Entstehung eines literarischen Mythos 1854–1918 (Klassische Moderne 17, Würzburg 2011)
Matray, Maria/Krüger, Anselm: Das Attentat. Der Tod der Kaiserin Elisabeth (München 1980)
Mayr, Josef Karl (Hg.): Das Tagebuch des Polizeiministers Kempen 1848–1859 (Wien u. a 1931)
Mraz, Gerda (Hg.): Elisabeth, Königin von Ungarn (Ausstellungskatalog) (Wien u. a. 1991)
Mraz, Gerda/Fischer-Westhauser, Ulla: Elisabeth Prinzessin in Bayern, Kaiserin von Österreich, Königin von Ungarn. Wunschbilder oder die Kunst der Retouche (Wien 1998)
Müller, Peter/Kabelka, Viktor: Auf Reisen mit Sisi (Wien 2002)
Nostitz-Rieneck, Georg (Hg.): Franz Joseph I. Briefe an Kaiserin Elisabeth 1859–1898, 2 Bde. (Wien, München 1966)
Panzer, Marita A.: Wittelsbacherinnen: Fürstentöchter einer europäischen Dynastie (Regensburg 2012)
Pölzl, Renate: Kaiserin Elisabeth und ihre Darstellung auf der Bühne und im Film (Dipl. Wien 2008)
Praschl-Bichler, Gabriele: Kaiserin Elisabeth. Mythos und Wahrheit (Wien 1996)
Praschl-Bichler, Gabriele: Unsere liebe Sisi. Die Wahrheit über Erzherzogin Sophie und Kaiserin Elisabeth. Aus bislang unveröffentlichten Briefen (Wien 2008)
Rall, Hans/Rall, Marga: Die Wittelsbacher in Lebensbildern (Regensburg 1986)
Redwitz, Marie von: Hofchronik 1888–1921 (München 1924)
Reiser, Rudolf: Kaiserin Elisabeth. Das andere Bild von Sisi (München 2009)
Rumschöttel, Hermann: Ludwig II. von Bayern (Beck Wissen 2719, München 2011)
Schad, Martha und Horst (Hg.): Marie Valérie von Österreich. Das Tagebuch der Lieblingstochter von Kaiserin Elisabeth (piper 4364, München 6. Auflage 2011)
Schad, Martha: Elisabeth von Österreich (dtv-Taschenbuch 31079, München 7. Auflage 2010)

Schad, Martha: Kaiserin Elisabeth und ihre Töchter (München 2008)
Schilke, Franz E.: Elisabeth und Ludwig II. im Spiegel von Medizin und Kunst (München 1993)
Schnürer, Franz (Hg.): Briefe Kaiser Franz Josephs I. an seine Mutter 1838–1872 (München 1930)
Schraut, Sylvia: Sissi. Popular Representations of an Empress, in: Paletschek, Sylvia (Hg.): Popular historiographies in the 19th and 20th centuries. Cultural meanings, social practices (New German historical perspectives 4, Oxford u. a. 2011) 155–171
Sexau, Richard: Fürst und Arzt. Dr. med. Herzog Carl Theodor in Bayern, Schicksal zwischen Wittelsbach und Habsburg (Köln 1963)
Seyrl, Harald (Hg.): Der Tod der Kaiserin. Die Ermordung der Kaiserin und Königin Elisabeth von Österreich-Ungarn am 10. September 1898 im Spiegel der zeitgenössischen Darstellung (Wien 1998)
Sokop, Brigitte: Jene Gräfin Larisch. Marie Louise Gräfin Larisch-Wallersee, Vertraute der Kaiserin – Verfemte nach Mayerling (Wien u. a. 4. Auflage 2006)
Stadtlaender, Chris: Sisi. Die geheimen Schönheitsrezepte der Kaiserin und des Hofes (Wien 1995)
Sztáray, Irma: Aus den letzten Jahren der Kaiserin Elisabeth (Wien u. a. 1909, neu hg. von Brigitte Hamann, Wien 2004)
Thiele, Johannes: Elisabeth. Das Buch ihres Lebens (München 1996)
Thiele, Johannes: Elisabeth. Ihr Leben, ihre Seele, ihre Welt (Wien 2011)
Tschudi, Clara: Elizabeth, empress of Austria and queen of Hungary (New York 1901, Neudruck forgotten books 2012)
Tschuppik, Karl: Elisabeth. Kaiserin von Österreich (Prag 2009, erstmals erschienen Wien 1929)
Unterreiner, Katrin: Sisi und das Salzkammergut (Wien u. a. 2013)
Unterreiner, Katrin: Sisi. Kaiserin Elisabeth von Österreich (Wien u. a. 2012)
Unterreiner, Katrin: Sisi. Mythos und Wahrheit (Wien u. a. 6. Auflage 2011)
Vogel, Juliane: Elisabeth von Österreich. Momente aus dem Leben einer Kunstfigur (Frankfurt/Main 1998)
Wallersee-Larisch, Marie Louise von: Kaiserin Elisabeth und ich (Leipzig 1935)
Wallersee-Larisch, Marie Louise von: Meine Vergangenheit. Wahrheit über Kaiser Franz Josef – Schratt, Kaiserin Elisabeth – Andrassy, Kronprinz Rudolf – Vetsera (Berlin 1913)
Walther, Susanne/Lindinger, Michaela (Hg.): Kaiserin Elisabeth. Keine Thränen wird man weinen (235. Sonderausstellung des Historischen Museums der Stadt Wien, Hermesvilla, Wien 1998)
Weissensteiner, Friedrich: Franz Joseph I. Lieber Rudolf. Briefe von Kaiser Franz Joseph und Elisabeth an ihren Sohn (Wien u. a. 1991)
Weissensteiner, Friedrich: Frauen um Kronprinz Rudolf. Von Kaiserin Elisabeth zu Mary Vetsera (Wien u. a. 2004)
Winkelhofer, Martina: «Viribus unitis». Der Kaiser und sein Hof. Ein neues Franz-Joseph-Bild (Wien 2008)
Witzleben, Hermann von/Vignau, Ilka von: Die Herzöge in Bayern. Von der Pfalz zum Tegernsee (München 1976)

Personenregister

Albert Eduard, Prince of Wales, spt. König Edward VII. 80
Albrecht, Erzherzog 55, 57
Alençon, Ferdinand, Herzog von 78
Alexander III., Zar 110
Amalie, Prinzessin von Sachsen-Coburg-Gotha 76
Amélie, Herzogin in Bayern, verh. Herzogin von Urach, Tochter des Herzogs Carl Theodor 9, 75
Andrássy, Graf Gyula/Julius, k. k. Außenminister 54, 55, 56, 58, 59, 61, 62, 63, 64, 112, 113
Angerer, Franziska/Fanny, verh. Feifalik, Friseurin 67, 68, 92
Arenberg, Prinzessin Amalie Luise 10
Baltazzi, Alexander 83
Baltazzi, Aristide 83
Baltazzi, Heinrich/Henry 83
Batthyány, Graf Elemér 81
Batthyány, Graf Lajos/Ludwig, ung. Ministerpräsident 82
Beust, Graf Ferdinand, österr. Reichskanzler 58
Bismarck, Otto Fürst, dt. Reichskanzler 55
Carl Theodor, Herzog in Bayern, Augenarzt 8, 13, 14, 15, 18, 35, 45, 47, 75, 101
Charlotte, Erzherzogin 38, 48
Christomanos, Constantin 8, 87, 117, 118
Crenneville-Folliot, Franz Graf von, Generaladjutant 55, 62
Deák, Ferenc/Franz 52, 53, 54, 56, 64
Elisabeth/Erzsi, Erzherzogin, Tochter des Kronprinzen Rudolf 91, 101
Elisabeth, Königin von Rumänien, auch Carmen Sylva 94, 105, 115
Eötvös József/Josef, ung. Schriftsteller 52, 53, 58, 64

Esterházy, Graf Miklós Pál/Nikolaus Paul 81, 112
Esterházy, Gräfin Sophie, geb. Liechtenstein, Obersthofmeisterin 24, 41, 44
Eugénie, Kaiserin der Franzosen 54
Falk, Miksa/Max, ung. Schriftsteller und Politiker 53, 58, 64, 108
Ferdinand I., Kaiser von Österreich 17, 19, 30, 31, 32, 82
Ferenczy, Ida, Vorleserin 52, 55, 58, 62, 101, 113, 122
Festetics, Gräfin Marie, Hofdame 9, 26, 28, 64, 75, 94
Francesco II., König von Neapel-Sizilien 37, 46
Franz Ferdinand, Erzherzog 108
Franz Karl, Erzherzog 12, 19
Friedrich Wilhelm, Kronprinz von Preußen, spt. Kaiser Wilhelm III. 80
Gisela, Erzherzogin, verh. Prinzessin von Bayern 33, 34, 36, 39, 46, 75, 76, 80, 88, 92, 101, 103
Gondrecourt, Graf Leopold 49
Grünne, Graf Karl Ludwig, Generaladjutant 42, 43, 63
Heine, Heinrich, Dichter 11, 16, 88, 103, 104, 106, 107, 116
Helene, Herzogin in Bayern, verh. Erbprinzessin von Thurn und Taxis 13, 14, 18, 20, 21, 43, 44, 46, 65, 78, 92
Hunyády, Graf Imre 42, 51, 113
Hunyády, Gräfin Karoline/Lilly, verh. Walterskirchen, Hofdame 41, 51
Johann Salvator, Erzherzog 44
Karl Ludwig, Erzherzog 18, 21, 79, 85
Königsegg, Gräfin Pauline, geb. Bellegarde, Obersthofmeisterin 44
Kossuth, Lajos/Ludwig, ung. Revolutionär 19, 53
Larisch, Graf Georg 77
Latour von Thurmburg, Josef 49, 76, 92
Leopold, Prinz von Bayern 76

Liechtenstein, Prinz Rudolf, Obersthofmeister 82, 101
Lucheni, Luigi, Attentäter 97, 98, 99, 118
Ludwig I., König von Bayern 10, 12, 16, 66
Ludwig II., König von Bayern 12, 78, 79, 105, 111, 120
Ludwig Salvator, Erzherzog 44, 85, 94
Ludwig, Herzog in Bayern 13, 18, 77, 78
Mailáth von Székhely, Graf Johann, Historiker 23, 36, 51
Maria Ludovika, Herzogin in Bayern 12, 13, 15, 17, 18, 20, 21, 29, 33, 46, 76, 92
Marie Valerie, Erzherzogin 8, 15, 16, 28, 62, 66, 73, 75, 77, 79, 82, 83, 88, 92, 95, 101, 104
Marie, Herzogin in Bayern, Königin von Neapel-Sizilien 13, 37, 38, 45, 46, 78, 80, 82, 84, 113
Mathilde, Herzogin in Bayern, verh. Gräfin Trani 13, 45, 46, 78, 80
Max Emanuel, Herzog in Bayern 13, 76, 92
Maximilian I. Joseph, König von Bayern 10, 12
Maximilian I., Erzherzog, Kaiser von Mexiko 18, 36, 38, 40, 43, 48, 57
Maximilian II. Joseph, König von Bayern 12, 18
Maximilian Joseph, Herzog in Bayern 10, 11, 12, 13, 14, 15, 16, 17, 45, 46, 81, 92, 103
Mendel, Henriette, verh. Baronin Wallersee 77
Middleton, William «Bay» 83, 84, 112, 114
Nahowski, Anna 89
Napoléon III., Kaiser der Franzosen 24, 37, 48, 54, 56
Nikolaus I., Zar 23
Otto, Erzherzog 73, 107, 108
Pacher von Theinburg, Friedrich/Fritz 113, 114
Paumgarten, Gräfin Irene 104
Pius August, Herzog in Bayern 10

Rothschild, Julie 96
Rudolf, Erzherzog 33, 34, 36, 45, 46, 49, 53, 63, 73, 75, 76, 77, 82, 83, 84, 86, 88, 90, 91, 92, 100, 101, 110, 123
Rustimo, Rudolph 16, 66, 67, 111
Schliemann, Heinrich Julius, Archäologe 86, 87
Schratt, Katharina, Hofschauspielerin 71, 89, 106
Seeburger, Johann Nepomuk Ritter von, Leibarzt 29, 36, 38
Sophie, Erzherzogin 12, 17, 19, 20, 21, 22, 24, 25, 26, 28, 29, 31, 32, 33, 34, 36, 38, 39, 46, 48, 49, 51, 56, 57, 63, 68, 75, 76
Sophie, Erzherzogin, Tochter des Kaiserpaars 33, 34, 36, 37, 51
Sophie, Herzogin in Bayern, verh. Gräfin Alençon 13, 78, 79, 92
Sophie, Prinzessin von Sachsen 15, 47
Stephanie, Kronprinzessin 74, 90, 107
Szécheny István/Stefan 52
Szeps, Moritz, Journalist 53, 77
Sztáray, Gräfin Irma, Hofdame 9, 70, 94, 95, 96, 97, 118
Škoda, Josef, Arzt 40, 43
Thurn und Taxis, Erbprinz Maximilian Anton 78
Thurn und Taxis, Fürstin Helene, Hofdame 41
Trani, Graf Luigi/Ludwig 46, 78
Vetsera, Baronesse Mary 77, 83, 91
Vetsera, Baronin Helene, geb. Baltazzi 83
Victoria, Königin von Großbritannien und Irland 41, 82, 109
Victoria, Prinzessin von Großbritannien und Irland 65
Wallersee, Baronin Marie Louise, verh. Gräfin Larisch 9, 70, 73, 77, 101, 112, 118, 120
Warsberg, Alexander von, Schriftsteller 87
Welden, Karoline Freifrau von 34
Wilhelm II., dt. Kaiser 103
Windisch-Graetz, Prinzessin Mathilde, Hofdame 41
Winterhalter, Franz Xaver, Maler 65